中国支付清算

（2024 年第 3 辑）

中国支付清算协会◎编

中国金融出版社

责任编辑：黄海清
责任校对：李俊英
责任印制：陈晓川

图书在版编目（CIP）数据

中国支付清算．2024年．第3辑 / 中国支付清算协会编．-- 北京：中国金融出版社，2024．11．-- ISBN 978－7－5220－2611－4

Ⅰ．F832.6

中国国家版本馆CIP数据核字第2024A11K37号

中国支付清算．2024年．第3辑
ZHONGGUO ZHIFU QINGSUAN. 2024 NIAN. DI-3 JI

出版
发行 中国金融出版社

社址 北京市丰台区益泽路2号
市场开发部 （010）66024766，63805472，63439533（传真）
网 上 书 店 www.cfph.cn
（010）66024766，63372837（传真）
读者服务部 （010）66070833，62568380
邮编 100071
经销 新华书店
印刷 河北松源印刷有限公司
尺寸 185毫米×260毫米
印张 10.75
字数 178千
版次 2024年11月第1版
印次 2024年11月第1次印刷
定价 40.00元
ISBN 978－7－5220－2611－4

声　明

目　　录

论坛专题

为建设金融强国贡献支付清算行业力量

文/田国立*

摘要： 本文总结了2023年中国支付清算协会（以下简称协会）在扎实贯彻党中央重大决策部署、加强行业自律管理、提升行业服务质效等方面的成绩，阐述了未来在服务实体经济、促进金融普惠、扩大高水平对外开放和推动行业规范化发展的着力点。

关键词： 协会　支付清算行业　高质量发展

过去一年来，协会在人民银行、民政部的指导下，紧密依靠广大会员单位，全面加强党的领导，坚决贯彻党的二十大和二十届一中、二中全会精神，认真落实党中央、国务院重大决策部署，忠诚履职，扎实工作，持续提升行业自律与服务质效，充分发挥自律组织在行业治理中的作用，推动我国支付清算市场高质量发展。

一是坚定践行“两个维护”，扎实贯彻党中央重大决策部署取得新成效。在会员单位支持下，协会积极配合和参与人民银行推动支付便利化工作，取得明显成效。制作中、英、法等8个语种的《在华支付指南》，组织会员单位，多渠道、多方位向重点城市、重点场景投放，为外籍来华人员便利使用支付服务提供参考和指引。连续发布3项行业倡议，推动降低外卡受理成本，进一步规范支付受理标志张贴，提升机场区域支付服务便利化水平。电信网络诈骗、跨境赌博资金链治理取得成效。一年来，协会组织会员单位广泛深入开展“反诈拒赌”宣传活动，触达量累计超过2.65亿人次。持续落实小微企业支付手续费降费工作。政策实施以来累计向市场主体让利超过900亿元，其中，惠及小微主体约750亿

* 作者为中国支付清算协会会长。本文根据作者在2024年9月第13届中国支付清算论坛上的发言整理。

元，有效降低了市场主体经营成本。

二是维护健康发展的支付生态，行业自律管理取得新进展。配合《非银行支付机构监督管理条例》及其实施细则的发布，推动行业自律制度“废改立”工作。进一步优化实施举报奖励、自律评价、自律检查、风险联防联控、金融科技产品检测认证等自律管理机制，自律管理效能不断提升。收单外包市场自律管理取得阶段性成果。4.59 万家外包服务机构完成登记，3 万家外包服务机构完成备案。组织收单机构对 3.1 万家外包服务机构开展外包评级工作，提升市场透明度，防范“劣币驱逐良币”效应，进一步发挥市场优胜劣汰的作用。

三是精准把握会员多元化需求，行业服务质效取得新提升。协会持续丰富客户身份实名认证综合服务平台验证产品，进一步扩大服务覆盖范围，让会员单位特别是更多中小机构享受到更优质的认证服务。高质量开展行业培训，稳步推进支付远程教育平台开发建设。聚焦行业痛点、难点问题开展深入调研，组织行业交流与合作，推进行业创新产品、典型案例征集和宣传交流工作，发布《中国支付产业年报》《行业社会责任报告》《中国支付清算》等出版物，为行业高质量发展提供有力支持。

2024 年 7 月召开的党的二十届三中全会为我们进一步全面深化改革、推进中国式现代化绘就了宏伟蓝图，具有重大而深远的意义。支付体系是国民经济高效运转和经济金融稳定运行的重要基础。支付清算行业要全面深入学习贯彻党的二十届三中全会精神，推动支付供给侧结构性改革，优化供需对接，促进支付市场规范发展，切实守护资金安全，提升服务实体经济的能力，为建设金融强国和促进经济高质量发展贡献支付力量。

一是丰富支付供给，优化营商环境，提升服务实体经济发展的能力和水平。广大会员单位要更好发掘、支持和引领客户需求，聚焦科技金融、绿色金融、普惠金融、养老金融和数字金融“五篇大文章”，推动产业数字化转型，丰富各类支付服务供给，寻找新的产业增长点，为实体经济可持续发展作出更多贡献。进一步强化消费者和市场主体之间的高效对接，畅通资金流转渠道，提高支付服务效率和水平，助力营造良好的消费环境。持续优化账户服务，在安全和便利方面实现更优的统筹，推动对公支付业务创新和便利化，优化和改善营商环境。积极向实体经济让利，让政策红利惠及广大小微企业和个体工商户。

二是提升支付服务包容性和协调性，推动普惠金融高质量发展。广大会员单位要进一步推动外籍来华人员、老年人等重点人群的支付便利化工作，巩固支付便利化成果，将好的经验和做法固定下来，探索可持续发展的新模式，构建便利化服务长效机制。进一步优化农村支付环境建设，持续消弭数字鸿沟，推出适合农村地区需求的产品和服务，为城乡融合发展提供基础性金融服务支撑。加强对小微商户的支付服务，为小微商户提供一站式数字化解决方案，切实提升小微商户的经营效率。推动行业生态多元开放，逐步实现条码支付互认互扫和支付场景开放互通，保障人民群众支付方式选择权。

三是深化对外合作与交流，扩大支付领域高水平对外开放。广大会员单位要坚持国际视野，积极“走出去”，推动跨境支付业务发展，为境内外客户提供跨境支付清算服务，满足各类跨境贸易、投融资业务等资金结算需求。共同推动跨境支付基础设施、网络及业务的互联互通，协同制定和积极推广中国支付的技术标准和品牌，为国际经贸合作和人员往来等提供便捷高效、安全规范的支付清算服务。积极参与，同向发力，推动人民币跨境支付系统建设，增强自主水平和安全可靠性，提升我国跨境支付网络的韧性和竞争力。

四是坚持防风险，促合规，提升行业规范化发展水平。广大会员单位要主动拥抱监管，坚守底线，认真落实各项监管制度，依法依规经营，维护公平有序的市场竞争秩序。要积极参与和接受行业自律管理，遵守行业公约和自律规范，夯实行业的合规基础。进一步压实责任，持续深化反诈拒赌资金链治理，加强风险联防联控，封堵涉赌涉诈等不法行为资金转移通道，守护人民群众“钱袋子”。进一步加强外包服务机构的合规管理，做好外包服务机构登记、备案和评级等工作，共同推动外包服务市场公平竞争，促进支付生态优化发展。坚持把合规意识根植于企业经营和文化中，为广大用户营造安全、放心的支付服务环境。

立足新起点，迎接新挑战。协会将继续与各会员单位一道，共同营造富有活力、规范有序的支付生态，主动将支付行业的高质量发展融入实现中国式现代化的历史洪流，为实现中华民族的伟大复兴作出新的、更大的贡献！

互信互联　共创价值
携手推进支付产业高质量发展

文/董俊峰*

摘要： 当前产业呈现支付客群、支付工具、产业主体多元化的格局，兼容共生、协同发展是推动支付产业高质量发展的必然选择。产业各方需要协同努力，持续保障各类支付服务有效供给，优化公平开放市场环境，做好资源协调组合运用，打好支付风险防控“持久战”，共建多元、公平、良性的生态格局，共建支付领域新质生产力，共建具有国际影响力的中国品牌，为支付和金融高质量发展贡献力量。

关键词： 支付产业　互信互联　兼容共生　高质量发展

第 13 届中国支付清算论坛提出兼容共生、协同发展的理念和倡议，切合产业发展实际，有助于凝聚各方共识，汇聚发展合力，对支付产业贯彻落实中央金融工作会议提出的“八个坚持”，开拓中国特色支付发展之路，实现支付产业高质量发展具有重要的推动作用。

一、兼容共生、协同发展是产业多元格局下的必然选择

经过近些年的高速发展，支付产业形成了多层次的客群、多形式的支付工具、多样化的市场主体，呈现出以下特点。

一是新的支付方式与传统支付方式并存。随着新技术的迭代演进，以二维码

* 作者单位：中国银联股份有限公司。本文根据作者在 2024 年 9 月第 13 届中国支付清算论坛上的发言整理。

为代表的移动支付已经成为我国的主流支付方式，移动支付的渗透率已经达到85%左右。同时，数字货币、手机非接支付、刷脸付甚至掌纹付等各类新兴的支付方式也在不断涌现。但以老年人为代表的消费群体依然保持着传统的支付习惯，对银行卡、现金等传统支付手段的需求和依赖依然存在。随着跨境人员流动逐步活跃，我们也发现，相当一部分外籍来华人员保持着使用实体卡和现金的支付习惯，2024 年上半年银联外卡内用交易金额中，线下实体卡交易占比为45%，自助柜员机（ATM）取款占比为43.5%。我们认为，支付方式演进过程一定是兼顾效率与公平的。新支付方式的出现并不会彻底消灭传统的支付习惯，未来较长一段时间里，各类支付方式将长期共存，用户的支付选择权成为行业的社会责任，这也是支付便利性工作所主张的包容性宗旨。

二是新的市场主体与传统的商业模式并存。当前，支付产业的分工更加精细化、专业化，越来越多新的市场主体参与到支付体系链条中，涌现出包括手机厂商、钱包方、SaaS 服务商、聚合服务商等一系列的新兴市场主体，有的建立了流量入口，有的拓展了丰富的支付场景，成为这个行业和链条上不可或缺的重要参与力量，对推动整个行业的发展起到重要作用，影响力也与日俱增。

与此同时，当前产业的商业模式总体上沿用了传统的发卡、清算、收单模式，新兴市场主体在传统模式里面的定位、职责边界、作用及分润的问题还有待进一步明晰，相应的规则、标准、风控、定价等机制还需要大家共同完善，呈现了新兴市场主体和传统商业模式并存的局面。

三是新的发展要求与传统市场格局并存。习近平总书记强调，要从构建新发展格局、推动高质量发展、促进共同富裕的战略高度出发，促进形成公平竞争的市场环境。客观来看，支付产业目前依然存在两极分化的形态，在头部支付机构占据绝大多数市场份额的情况下，市场上依然存在 160 多家中小支付机构，它们是市场上沉默的大多数。在收单侧，中小机构经营和合规成本普遍抬升，盈利能力普遍面临挑战；在发卡侧，商业银行也同样面临很大的用户拓展和经营压力。

“一花独放不是春，百花齐放春满园”。各具特色的中小机构是支付服务机构下沉和创新的重要参与力量，公平有序的市场环境有助于为产业创新提供新的动力。中小机构如何与头部机构共存，商业银行如何与第三方机构共处，如何找到更好的定位、合作空间和优势互补，成为各方关注的重点。

支付产业事关国家经济有序运转和社会民生福祉，让产业既充分涌现新质生产力，又充满人情味和温度，是我们的共同期待。在多元格局下，兼容共生、协同发展是支付产业高质量发展的必然选择，中长尾客户的支付需求如何保障，中长尾企业的发展环境如何优化，中长尾市场如何深化拓展，都需要我们在共同努力中不断实践探索。

二、兼容共生、协同发展需要各方共同努力

（一）共谱支付多样供给的“协奏曲”

2024 年初，国务院发布了《关于进一步优化支付服务提升支付服务便利性的意见》，明确要求推动移动支付、银行卡、现金等多种支付方式并行发展，相互补充，进一步提升支付服务的便利性和包容性。在人民银行的组织指导下，各方按照“大额刷卡、小额扫码、现金兜底”的总体思路，做了大量卓有成效的工作。

中国银联也是其中的一分子，积极作为，启动了“锦绣行动 2024”，横向联动，纵向贯通，推动重点城市在“食、住、行、游、购、娱、医、学”等重点场景的商户实现了卡基受理绝大部分覆盖，目前，卡基受理的覆盖率达到 91. 2%，还联合商业银行打造了 41 个机场示范区，2024 年上半年，银联外卡内用的消费笔数和消费金额同比分别增长 64. 6% 和 29. 3%。我们应当充分尊重用户的支付选择权，坚持和而不同，倡导美美与共，聚焦不同的支付方式、不同场景和不同客户，发挥各自的优势，协同做好各类支付服务的供给保障，实现不同支付方式的兼容共存，构建差异化、特色化的支付服务体系，各自弹响自己的最强音，共同奏响产业发展的“协奏曲”。

（二）建设机构共生共荣的“百花园”

头部机构是支付产业的“火车头”，肩负着引领产业高质量发展、维护产业良好秩序的重要使命和责任，要深化互信合作，在重大问题上充分沟通，凝聚合力，进一步扩大场景、资源等开放程度，促进产业资源共享，发挥表率作用。

要积极赋能支持中小机构发展，给真正有意愿在真场景、真商户、真交易上有所作为的企业更大的发展空间，在合规展业和存量风险出清的基础上，为中小机构提供更多的技术支持、工具支持和资金支持，营造更加公平有序的市场环境，引导其避免低水平的存量零和博弈，实现规范发展和创新发展并重，充分调

动各方的积极性和创造性。

（三）打好资源协调运用的“组合拳”

经过多年的发展，支付产业各类机构各展所长，在各自领域积累形成了独特的资源禀赋和各自特色，当然在一定程度上也存在资源重复投入的问题。各方资源要“组合”起来，攥指成拳，共同落实国家对支付产业的发展要求，共同满足人民群众对支付服务的美好期待。近年来，国家高度重视稳增长和促消费，出台了“以旧换新”等一系列政策，支付产业身处消费的“最后一公里”，责任重大，责无旁贷，各方应当在承接政府消费券基础上，将银行卡权益、银行积分、商户优惠券、折扣券、会员券等各种权益资源有效整合起来，形成全行业共建共享的云化资源池，各机构可以按需使用，实现资源叠加，为用户提供更多的优惠，进一步放大政府资金的“杠杆效应”，促进消费增长。同时，各方也应该联合起来，对消费数据进行分析，研究精准促消费的最优方案，研究在哪些场景、哪些时段，针对哪些客户用哪些方式投放消费券，能产生最佳的效果，避免产生“挤出效应”。

（四）构筑风险联防联控的“共同体”

习近平总书记指出，要运用现代科技手段和支付结算机制，适时动态监管线上线下、国际国内的资金流向流量，使所有资金流动都置于金融监管机构的监督视野之内。近年来，在人民银行的指导下，金融风险在进一步出清，产业秩序更加规范，但客观来看，支付风险防控是一场“持久战”，需要各方持续用力，久久为功。一方面，要加强突出风险共治，对涉赌涉诈、套码套现、备付金挪用、洗钱等支付领域的突出风险，各方要携起手来，共同应对，防止风险蔓延。以涉赌涉诈“资金链”治理为例，各方都在付出自己的艰辛努力，银联联合各方推出了“一键查卡”服务，支持500余家商业银行，查卡服务累计调用1600万次，被中宣部和公安部列为“五大反诈利器”之一。另一方面，要做好风险信息共享，持续优化升级各类风险监测和拦截手段，帮助风险能力较弱的中小机构，通过技术防控加强风险监测、预警。

银联作为综合清算服务机构之一，将联合各方加强这方面的能力建设。

三、坚持互联互信，联合各方共创价值

银联因“联合”而生，多年来探索走出一条“规则联合制定、业务联合推

广、市场联合拓展、品牌联合创建、秩序联合规范、风险联合防控”的发展道路。未来也将继续坚持和践行兼容共生、协同发展的理念。2024 年以来，银联党委认真学习领会党的二十届三中全会和中央金融工作会议精神，立足自身定位、服务央行履职，制定了新三年发展规划，以“互信互联、共创价值”为战略愿景，实施“平台化、数智化、全球化”的集团战略，站在价值高度审视全局，设身处地地与各方换位思考，力争为市场各方带来帕累托改进，最大化“朋友圈”，与各方凝聚共识，凝心聚力，画好“同心圆”。

一是坚持平台化方向，共建多元、公平、良性的生态格局。银联将践行金融基础设施使命，联合商业银行共同做好金融五篇大文章，积极落实促消费政策，提升产品和服务的社会价值。在人民银行指导下，坚持大局观念，全局意识，立足国家整体战略利益，搭建产业平台、公共平台、开放平台，联合各类泛账户方、泛受理方等新兴市场主体，共商共建统一、公平、透明的规范标准体系，进一步明确各方的角色、定位、权责利，让各方能各司其职、各负其责、各得其所，从底层构建产业良性发展的秩序，促进社会资源的公平分配，银联愿做产业发展的支撑者、推动者、实践者和协调者，积极承担促进产业发展的基础性工作，在更大范围内推动互联互通，强化产业资源共享、整合输出，打造赋能各方的网络，让更多机构获得合作效益和长期价值。

二是坚持数智化方向，共建支付领域新质生产力。当前，产业数字化、智能化的发展趋势不可逆转，用户逐渐由“数智化移民”向“数智化原住民”过渡迁徙，站在新一轮科技革命和产业变革的关键节点，数智化转型是支付产业培育新质生产力，实现高质量发展的内在要求和重要着力点。银联将积极践行卡组织与金融基础设施职责，推动技术和业务“双向奔赴”，联合各方共建资源云化、贡献数字化、交付按需实时化的资源管理体系，畅通支付供给链路。探索在依法合规前提下，通过隐私计算等技术，构建产业数据全视图，推进支付数据融合应用，加速全行业数据要素流通和价值创造。

三是坚持全球化方向，共建具有国际影响力的中国品牌。作为我国唯一的民族银行卡品牌，银联一直将全球化作为重要的战略任务。近期，在中非合作论坛上，习近平主席提出携手推进“六个现代化”，宣布中非“十大伙伴行动”，对支付产业全球化发展提出了重要的方向和指引。银联将与各方加强协同、联合出海，与境内外的支付产业主体开展多形式、多层次、多样化的合作，进一步拓宽与维萨、万事达等国际卡组织的合作，探索联合发卡、受理网络、权益等领域的合作，与境外更多卡基、账基支付网络建立更深度的对接，合力打造跨境支付开放生态，促进贸易繁荣和跨境互联互通。

银联将通过加强境内外联动，构建境内外互融互促的“莫比乌斯”双循环网络，形成面向全球的一体化产品体系和服务能力。打造多边互通的跨境支付规则样板，提升我国规则标准的贡献度和竞争力，为国际支付市场贡献“中国智慧”，共同打造中国支付的品牌调性，丰富中国数字支付的品牌内涵，让世界更了解中国支付，更了解中国，助力金融高水平的双向开放和全球南方现代化。

“大度兼容，则万物兼济”。银联愿与产业各方加强互信互联，坚持价值共创，在人民银行的坚强领导下，在支付清算协会的指导支持下，牢记金融基础设施的初心使命，擦亮民族银行卡品牌，为支付和金融的现代化发展贡献力量。

以跨境移动支付为纽带，助力高水平对外开放

文/罗延枫*

摘要：本文总结了网联清算有限公司（以下简称网联清算公司）发展跨境移动支付的经验做法，立足“能用”，夯实跨境业务发展底座；致力“好用”，推动支付体验提质增效；着眼“爱用”，促进跨境支付可持续发展，更好助力中国经济高质量发展及高水平对外开放。

关键词：移动支付　跨境　对外开放

近年来，中国移动支付的快速发展有目共睹，以显著的便利性、优越性成为中国一张亮丽的“名片”。作为主要处理网络支付业务的清算机构，网联清算公司自成立之初，就承担起支撑我国移动支付高质量发展的职责使命。目前，网联平台日均处理移动支付交易量已超 30 亿笔，金额超 1.4 万亿元，我国人民群众通过这种安全、便捷、高效的支付方式，切实享受到移动支付现代化发展的红利与成果，网联平台也已成为全球最大零售支付清算体。

在不断提升国内移动支付便利性的同时，网联清算公司持续密切关注部分在华旅游、经商、生活的境外人士支付习惯与国内支付环境融合问题。在中国人民银的行坚强领导下，网联清算公司紧盯跨境支付堵点卡点，着眼构建包容支付环境，致力于打造让境外友人“能用、好用、爱用”的支付方式，期望以移动支付为窗口，讲好中国支付故事、促进民心相通，让世界更好地了解中国、认识中国、感受中国。2024 年 1—8 月，网联平台跨境业务累计交易量已突破 1 亿笔大关，同比增长超 4 倍，交易金额超 160 亿元，同比增长超 5 倍，笔均金额约 170

---

* 作者单位：网联清算有限公司。本文根据作者在 2024 年 9 月第 13 届中国支付清算论坛上的发言整理。

元，充分彰显“小额便民”属性。较多境外来华人员已纷纷解锁中国跨境移动支付“新技能”，使用一部手机即可在我国实现线上、线下、全场景、全地域消费。

在发展跨境业务中，网联清算公司充分尊重市场规律，以“能用”为前提，以“好用”为方向，以“爱用”为目标，针对性推出“外包内用”“外卡内绑”业务，受到行业各方和境外商户的广泛欢迎和认可。

一、立足“能用”，夯实跨境业务发展底座

（一）模式创新是实现跨境移动支付“能用”的基础

目前，银行卡、电子钱包是全球零售支付的重要支付工具，优化支付服务的首要任务是融合境外主流支付方式，帮助具有不同支付习惯的来华人员均能以熟悉方式完成移动支付。针对美国、欧洲、日本等地用户习惯使用银行卡的特点，网联清算公司联合工商银行、中国银行和支付宝，以“卡码融合”方式推出“外卡内绑”业务，实现境外银行卡与境内条码支付的无缝衔接。外籍人员通过在境内电子钱包绑定境外银行卡，即可轻松享受中国移动支付的便利性。针对东南亚、韩国、中国港澳等地用户习惯使用电子钱包的特点，推出“外包内用”业务，支持其直接使用本土电子钱包在境内完成支付。

（二）网络联通是实现跨境移动支付“能用”的关键

将更多银行卡和电子钱包品牌引入中国，有助于实现更广泛的跨境移动支付。网联清算公司积极与境外市场主体合作，搭建“点对点”“网络对网络”等多层次联通方式，持续扩大跨境业务合作“朋友圈”。在“点对点”联通方面，通过直接接入、代理接入，积极与境外电子钱包合作，拓展外包数量，现已支持中国港澳地区、新加坡、泰国、韩国、马来西亚、蒙古国、哈萨克斯坦、巴基斯坦、菲律宾等10个地区和国家的15个当地主流电子钱包在境内使用。在“网络对网络”联通方面，探索批量引入钱包入华使用，已与马来西亚央行旗下PayNet合作，引入PayNet旗下8家本地主流钱包，为“网络对网络”模式积累了实践案例。同时，积极与境外网关对接，与国际卡组织加强合作，现已支持维萨、万事达卡、发现卡、日本信用卡株式会社（JCB）、大莱卡等国际卡组织的银行卡绑定至境内支付App，覆盖近200个国家和地区的近300万名商户，商户数量较

2023 年底增长超 150%。

二、致力“好用”，推动支付体验提质增效

完善的受理环境、顺畅的支付体验、科学的技术设计、强有力的运维保障，以及精准的风险防控，是实现跨境移动支付向“好用”进阶的重要支点。

（一）“好用”的根本是解决全量商户受理问题

在“外卡内绑”方面，通过网联平台的跨境连接，境外银行卡可绑定到支付宝、微信、京东等境内电子钱包，打通了境内全量商户受理环境。在“外包内用”方面，网联平台持续完善受理网络，推动国有大型银行、主流支付机构全面开放境外电子钱包受理环境，未来将配合推动优化跨境收支申报流程，支持更多收单机构更顺畅、更便捷地受理境外电子钱包。

（二）“好用”的重点是保障 7×24 小时顺畅支付

跨境支付业务涉及市场主体多、业务复杂性强，对于业务连续性要求较高。通过与合作方协同，网联平台持续提升业务稳定性、缩短交易耗时，有效保障跨境业务系统安全运行率长期保持在 100%，境内境外全链路交易耗时不超过 2 秒。

（三）“好用”的基石是科学的技术设计和强有力的运维保障

在技术设计方面，网联平台已建立双网关、双链路运行模式，两个链路互为备份和补充，最大限度降低分散单一业务链路对整体业务稳定性造成的影响，保障外籍来华人员支付体验。在运维保障方面，统筹行业重点机构，建立行业联合保障工作机制，对重要系统、关键设施实施联合监督检查、技术检测、漏洞整改，扎实筑牢跨境移动支付安全基石。同时，不断优化跨境业务交易链路和网络通信，形成双活系统、双活链路模式，全方位磨炼行业系统应急处置能力，扎实保障全链路业务连续性水平。

（四）长久的“好用”依托于风控能力持续提升

全面落实各项监管合规要求是开展跨境业务的必备条件，建立健全跨境交易风控长效机制是清算机构“保安全、促发展”的核心举措。“外包内用”“外卡内绑”等跨境业务涉及跨币种、跨司法管辖区、跨法人机构资金流动，可能存在洗钱、恐怖融资、电信网络诈骗等相关风险。基于此，网联平台联合境内外合作

机构，通过开展事前尽职调查、明确权责划分，强化事中监测、落实风险处置等举措，持续提升交易透明度和业务合规性，实现业务发展和风险防控“两手抓、两手硬”，塑造跨境业务良好发展生态。

三、着眼“爱用”，促进跨境支付可持续发展

“爱用”是跨境支付业务可持续发展的基础，在跨境移动支付“能用”“好用”的基础上，实现“爱用”是网联清算公司重点努力方向。下一步，网联清算公司将继续协同行业各方，充分发挥我国全球最大、最发达移动支付市场的领先优势，以高质量“引进来”促进高水平“走出去”，以移动支付业务的“走出去”，更好陪伴我国市场主体“走出去”。

在“引进来”方面，重点深化跨境支付创新成果落实。立足金融基础设施职能定位，发挥网联平台技术创新能力，实现各类市场主体便捷有序接入，降低跨境支付展业成本，为各方降本增效发挥实际效能。在中国人民银行指导下，统筹深化跨境支付业务监测，助力穿透式监管，实现跨境支付高质量发展。针对“外卡内绑”，扩大支付场景，推动更多境内主流电子钱包开展绑外卡业务，提升外籍来华人员在境内电商平台细分领域的支付体验。针对“外包内用”，深化“网络对网络”合作模式，重点推动与境外央行旗下金融基础设施对接合作，持续引入境外优质钱包。同时，进一步强化与万事网联的多层次合作，吸纳优质的跨境支付业务模式、高水平支付解决方案进入我国市场，从而提高我国支付产业活力。

在“走出去”方面，积极配合跨境互联互通体系建设，参与配套跨境规划，支持境内支付企业出海，与国际支付市场主体良性互动，提升国际化经营能力，扩大中国移动支付“朋友圈”。

网联清算公司将始终坚守行业中立、中枢定位，积极发挥重要金融基础设施的桥梁纽带作用，与行业各方携手共进，推动我国移动支付服务不断迈上新台阶，更好助力中国经济高质量发展及高水平对外开放。

数字支付助力开放包容可持续发展

文/井贤栋*

摘要：本文介绍了蚂蚁集团携手合作伙伴在助力提升外籍来华人员支付便利、助力中小企业便捷参与全球贸易的实践和进展，旨在让数字支付更好地服务全球客人“走进来”，服务中小企业“走出去”，用实实在在的工作，服务高水平开放和高质量发展，为中国数字支付产业和数字经济发展作出更大贡献。

关键词：数字支付　包容　开放　可持续发展

在中国人民银行和国家外汇管理局的指导下，在银联、网联等机构的大力支持下，蚂蚁集团和各方合作伙伴一起努力做了两项工作：一是怎样让外籍人员来华支付更加便利；二是如何帮助中小企业“走出去”。

在上海 2024 Inclusion・外滩大会上有个特别的环节——蚂蚁集团入境支付便利化共建行动，邀请了很多中外合作伙伴参加。会上，美国运通宣布与支付宝开展的“外卡内绑”合作即将正式上线，美国运通全球网络服务总裁穆罕默德・巴迪在现场表示，非常感谢中国监管部门的支持。当天在外滩，巴迪先生非常快捷地绑了一张运通卡，买了两杯咖啡，成功扫码支付了两单。他非常高兴，美国运通在全球 200 多个国家和地区的 1.4 亿持卡人，都将可以和他一样在中国畅通地生活，这是非常值得庆贺的时刻。这个小故事的背后，是我们携手国内外多家合作伙伴共同推动这两项工作的长期努力。

* 作者单位：蚂蚁集团。本文根据作者在 2024 年 9 月第 13 届中国支付清算论坛上的发言整理。

一、助力提升外籍来华人员支付便利

美国运通是蚂蚁集团“入境支付便利化共建”的第七个卡组织伙伴。近年来，在中国人民银行和国家外汇管理局的指导下，蚂蚁集团和网联、银联、中行、工行等合作伙伴一起，响应“大额刷卡、小额扫码、现金兜底”的方针，推出了两套入境移动支付解决方案，努力让移动支付成为入境服务便利化的桥梁。

第一个是“外卡内绑”方案，包括银联国际、维萨（Visa）、万事达、JCB、大来卡（Diners Club）、Discover 和美国运通，这些国际银行卡的用户，都可以绑定支付宝，在国内扫码使用。第二个是“外包内用”方案，通过科技出海，让全球 10 个国家和地区的 13 个主要电子钱包用户，到了中国的大城小镇，都能用自己熟悉的支付软件扫码付款。

蚂蚁集团对境外用户来源及交易特征进行了分析，发现了一些有意思的现象。境外用户来源最多的前三个市场，分别是中国港澳地区、东南亚和中亚/东北亚。入境移动支付用户的增长趋势，不仅响应着中国高水平开放的布局更多元化，也反映出了三个趋势：一是大湾区一体化建设蓬勃发展。中国港澳地区是主要的境外用户来源，特别是港澳青年跨境消费和发展事业，深深融入粤港澳建设大潮。二是东南亚和中国之间商旅文化的交流全面加强，马来西亚、泰国和新加坡等国家的钱包用户不仅消费额增长快，还涌现出许多在中国生活发展的“新中国通”。三是中国与中亚、东北亚的经贸合作正在提速，哈萨克斯坦、蒙古国等钱包的入境交易增长，商务旅客数量迅猛增加。与这三个趋势互相映射的是交易笔数增幅最高的 5 个市场，分别是泰国、新加坡、马来西亚、法国和蒙古国。

统计数据显示，2024 年 1 月到 8 月，这两套方案带动的国际消费者近 450 万人，同比增长了 3 倍；入境消费交易额近 160 亿元，同比增长了 6 倍。

在推动更便利的支付体验之外，蚂蚁集团也与合作伙伴一起，努力为入境游客提供便利的消费和服务体验。在中国人民银行、国家外汇管理局等部门指导下，从 2024 年 4 月起，蚂蚁集团携手境内外合作伙伴，在全国 70 多个城市共同建设 500 多个“入境消费友好型商圈”，覆盖商圈、景点、地标等热门消费场景，以及机场、火车站、地铁等刚需出行场景。

在 2024 年外滩大会上，“2024 十大入境消费友好型商圈”对外公布，很多商家合作伙伴受邀到场。这次选出来的“2024 入境消费友好型商圈”，包括上海豫园、北京三里屯商圈、广州天河商圈、成都春熙路商圈、深圳福田商圈，以及黄山景区和西湖景区等。蚂蚁集团和中外伙伴一起为最耀眼的十大商圈和创新伙伴颁奖，大家促旅游、促发展的心气都很足。一年来，大商户、大商圈，通过支付宝二维码收款，做跨境生意的活跃商户数也同比增长了 2 倍，其中大多是中小商家。

蚂蚁集团一直在探索，除了为境外人员提供更便捷的支付体验，怎么样让他们在数字化世界里更方便地使用各个应用。为此，蚂蚁集团在作两个方面的努力：一是让小程序成为境外用户的“百宝箱”；二是通过“一端多投”的技术，让海外游客在自己的电子钱包里也能使用到小程序服务。

支付宝平台上有 400 万个小程序，越来越多的中国商家也积极通过支付宝国际版，把小程序“国际化”，为境外游客提供百宝箱式的服务，支持 16 种语言，提供 26 项服务功能，覆盖衣食住行游购等场景。在支付宝国际版上，境外游客最喜爱的服务包括骑车打车、扫码点餐、酒旅观光、地铁公交和潮玩便利店。感谢互联网运营商、品牌商和合作伙伴，在这个过程中也给予了巨大的支持。

另外，移动支付解决方案中的“外包内用”，也就是让全球 10 个国家和地区的 13 个主要电子钱包用户，到了中国都能用自己熟悉的支付软件扫码付款。在这个基础上，如何让海外钱包用户进一步享受数字化服务的便利，蚂蚁集团也尝试了很多办法。

我们实现的方法是，支付宝把标准化小程序框架建设能力输出给境外钱包，再将支付宝小程序服务跨端投放到境外钱包的端内，这样境外钱包用户也可以享受到百宝箱式的服务。比如，马来西亚游客在自己的钱包内，可以使用这些小程序应用，包括出行、酒旅、零售和潮玩等。

如今，超过 160 个小程序通过我们“一端多投”技术，已经走进了境外合作钱包，成为世界游客的百宝箱。今后，蚂蚁集团将继续与合作伙伴一起在数字化世界里探索怎么样构建好数字化支付、数字化应用能力，让境外的游客能无缝享受数字化的服务。

2023 年以来，我们也非常有幸在各级部门的指导支持下，与银行、商家一起行动，为杭州亚运会、上海进博会、广交会等重大国际赛事、会展提供入境支付服务保障，在 20 多个城市开展重点推广。

二、助力中小企业便捷参与全球贸易

数字支付不仅更好地服务了全球客人走进来，还正在助力中小企业便捷参与全球贸易。怎样才能帮助中小企业“走出去”，走到全球的市场里面去，跨境支付能做什么，下面分享蚂蚁集团的实践。

随着数字化的浪潮席卷全球，一个新的趋势正在涌现：中小企业开始成为微型全球企业。以往，可能是6000～10000家大型企业主宰了主要的国际贸易，而今天中小企业正成为新的力量。在蚂蚁集团的客户群像中，万里汇服务的全球100多万家跨境企业中，小微企业占绝大部分，占比为68%，年均收入在100万元人民币以内；“90后”创业占比首次超过60%。

中小企业出海，面对着国际市场波动、外汇风险、跨国交易成本等很多挑战。数字支付行业的任务是帮助中小企业把货迅速地卖出去，把货款安全快捷地收回来。蚂蚁集团旗下万里汇和支付宝，与全球130多个电商平台合作，支持中小企业出海，把商品卖给全球的消费者。

我们提供“一个账户 全球收付”的服务，帮助跨境商家安全、合规、快捷开户。目前覆盖全球200多个国家和地区，支持39种收款币种、96种付款币种。依托AI安全、风控服务能力，商户跨境付款90%可当天到账。基于人工智能技术，我们还为小微企业提供外汇风险管理能力，帮助它们稳健应对国际市场的汇率波动。

在“一站式”的资金收付、外汇风险管理之外，蚂蚁集团还推出了“全球远航”计划，希望帮助中小企业快速开通全球店铺。过去，跨境商家在平台上开店，需要进行信用审核，这个周期往往比较长。蚂蚁集团和全球、区域的主要贸易平台、银行等伙伴合作，开辟了官方绿色通道。今天，小企业交一份材料，经过快捷的审核，就能在28个全球电商平台一键开店，开店时间从两个月降低至几个小时。

在陪伴中小企业出海的过程中，我们也看到了一些新的亮点：一是从“拼价格”走向“拼质量拼品牌”。2024年上半年，选择品牌化策略、提高附加值的中小企业数量增长了138%。二是从“上链接卖货”走向“多平台经营”。2024年上半年，同时入驻2个以上平台、差异化运营的企业数量增长了17%。

上海的时尚独立品牌 ChicMe，从 2007 年开始做跨境电商，2015 年开始创立品牌，现在已成为有知名度的独立时尚品牌。很高兴我们可以为它们服务多年，陪着它一起把脚印扩展到全球更多角落。

为了助力中国中小企业出海展业，从各级政府到各个行业，形成了一个很大的支持生态。我们很荣幸能加入这个生态并作出自己的一点贡献，与大家一起同行，让小微企业有变成全球企业的可能。

我相信，开放、创新、协作、共享是互联网的基本精神，也是行业的大势所趋。我们期待着行业合作伙伴携手同行，在这一理念下一起努力，让数字支付更好地服务全球客人“走进来”，服务中小企业“走出去”，用实实在在的工作，服务高水平开放和高质量发展，为中国数字支付产业和数字经济发展作出更大贡献。

普惠金融

全面推进乡村振兴背景下银行卡助农取款服务高质量发展的现实困境与路径选择

——基于安徽省银行卡助农取款服务的调研

文/赵永红*

摘要： 农村支付服务是乡村振兴的重要组成部分和重要保障措施，银行卡助农取款服务是中国特色惠农支付服务体系的重要组成部分。从安徽省实践情况看，银行卡助农取款服务在供求可持续性、综合化发展、规范化发展等方面面临一定困境，解决这些问题是实现银行卡助农取款服务高质量发展、服务乡村振兴战略的现实需要。为此，应充分运用习近平新时代中国特色社会主义思想的世界观、方法论和贯穿其中的立场方法观点，坚持人民至上、坚持守正创新、坚持问题导向、坚持系统观念，明确定位、因地制宜、分类施策、建立多部门协同机制、加强管理和宣传，多措并举促进银行卡助农取款服务高质量发展。

关键词： 支付服务　助农取款　高质量发展

党的二十大报告指出，高质量发展是全面建设社会主义现代化国家的首要任务，提出了全面推进乡村振兴，健全农村金融服务体系的决策部署。农村金融是现代农村经济的血脉，而完善的农村支付服务是保障农村金融高效安全运转的重要基石，是乡村振兴的重要组成部分和重要保障措施。中国人民银行十分重视农村支付服务环境建设，为解决偏远农村居民取款难问题，进一步降低取款等支付服务获取成本，早在2011年就在全国推广银行卡助农取款服务，基本建成高效便捷、安全可靠、费用低廉的农村支付服务体系，实现了“基础支付服务不出村”和农村地区支付服务“易获得、低成本”的目标。

---

* 作者单位：中国人民银行安徽省分行。

本文在对安徽省16个地市银行卡助农取款服务点（以下简称服务点）全面摸排的基础上，采取“四不两直”方式随机抽选部分服务点为样本，综合运用问卷调查、抽样调查、入户走访、会议座谈和统计分析等方式开展调查，评估银行卡助农取款服务（以下简称助农取款服务）的工作成效和社会效应，分析助农取款服务高质量发展面临的困境，并在全面推进乡村振兴背景下提出了助农取款服务高质量发展的相关路径。

一、准确评价助农取款服务的工作成效和社会效应

（一）安徽省助农取款服务的发展回顾

安徽省助农取款服务的发展历程大致分为以下三个阶段。

1. 快速发展阶段（2011—2015年）。按照《中国人民银行关于推广银行卡助农取款服务的通知》部署，人民银行安徽省分行[①]在全省推广助农取款服务，并于2012年底前实现了助农取款服务在全省行政村的全覆盖，构建起支农、惠农、便农的“支付绿色通道”。

2. 融合发展阶段（2015—2019年）。2015年3月，人民银行安徽省分行通过科学统一规划，在有条件有需求的行政村试点推进服务点升级为惠农金融服务室，逐步扩展了现金服务、征信、国库及金融消费者保护类功能，并于2016年4月细化建设标准、健全运作模式，全面推动安徽省服务点升级为惠农金融服务室，实现农村居民足不出村就能享受到成本低廉、安全便捷的多样化金融服务。

3. 高质量发展阶段（2019年至今）。2019年，人民银行安徽省分行出台了《关于进一步加强银行卡助农取款服务管理的通知》，落实助农取款服务管理主体责任，推动助农取款服务由增量导向转变为增质导向，致力设立一批特色鲜明、管理规范、效益明显的高质量服务点和惠农金融服务室。

（二）安徽省助农取款服务的现状

1. 服务点数量和业务量逐年减少。从服务点数量来看，2018年以后，随着农村地区支付服务需求的变化，服务点逐年减少，但保持了村级行政区的基本覆盖。截至2023年末，安徽省农村地区服务点保持在8700个以上。从业务量来

① 2023年8月前为人民银行合肥中心支行，本文统一使用人民银行安徽省分行。

看，2011—2016 年，助农取款服务业务量高速增长，有效满足了农村地区日益增加的支付需求，2016 年全省服务点共办理支付业务① 838. 99 万笔，金额 48. 14 亿元，达到历史峰值，此后业务量逐年下降。2023 年，全省服务点共发生支付业务 463. 26 万笔，金额 37. 23 亿元，同比分别下降 14. 63% 和 6. 64%。另外，近 3 年无业务的服务点数量总体呈逐年上升趋势，超过 1 年以上未发生业务的服务点数量达全省服务点总数的 1/3。

2. 取款业务占比最大，转账汇款和代理缴费业务占比逐年上升。2023 年，全省服务点发生的支付业务中，取款业务 284. 86 万笔，金额 20. 88 亿元，占比分别为 61. 49% 和 56. 08%；现金汇款业务 40. 35 万笔，金额 2. 13 亿元，占比分别为 9. 25% 和 5. 72%；转账汇款业务 101. 67 万笔，金额 12. 72 亿元，占比分别为 21. 95% 和 34. 17%；代理缴费业务 23. 21 万笔，金额 0. 86 亿元，占比分别为 5. 01% 和 2. 3%。从变化趋势看，转账汇款和代理缴费业务占比逐年上升。

3. 涉农金融机构一直是服务点建设的主力军。从服务点收单机构看，近年来涉农金融机构设立的服务点合计占全省服务点的九成以上。其中，农村商业银行占比达 60%，农业银行占比为 25%，邮政储蓄银行占比为 10%，其他机构合计占比约为 5%。

4. 服务点类型多样，依托基层组织设立的服务点规范性相对更强。从服务点类型来看，近年来依托超市或小商店建立的服务点占比近 53%；依托村委会或村级便民服务中心建立的服务点占比超过 30%；依托卫生室建立的服务点占比在 4. 5% 左右。从调查走访情况看，依托村委会或村级党群服务中心等基层组织设立的服务点较其他类型服务点在管理上更加规范。

（三）助农取款服务惠农助农社会效应巨大

助农取款服务是人民银行在坚持市场化原则下通过政策引导和顶层设计而发展起来的，通过不断完善基础设施，丰富服务职能，满足了农村地区基本金融需求，保障了农村居民的基本金融权益，表现出积极的政策意义和社会效益。

一是消除了安徽省农村地区金融服务空白。2011 年以来，服务点从无到有、快速推广，实现了跨越式发展，全省服务点总数在 2012 年末超过了 1. 8 万个，并实现全省行政村全覆盖。2018 年以来，农村地区服务点建设布局得到优化，

① 含取款、现金汇款、转账汇款、代理缴费等业务，下同。

撤并部分“空壳村”服务点，村级行政区覆盖率基本保持稳定。农村群众实现足不出村取款、汇款和代理缴费，解决了长期以来往返银行网点办理相关业务路途遥远、花费较高等问题。据统计，仅2023年安徽省通过助农取款服务办理取款业务284.86万笔，以每笔业务为农村群众节约交通餐饮花费10元和4小时时间成本计算，仅2023年即为农村群众节约2848.6万元和1139.44万小时的通勤时间。

二是为脱贫攻坚战的胜利提供了有力支持。以脱贫攻坚需求为导向，坚持协调指导在贫困地区、易地扶贫搬迁移民聚集点设立服务点，加大对贫困地区支付服务基础设施、基础服务供给和政策扶持力度，实现每一户贫困户可以在家门口办理取款、汇款、转账等基础金融服务。截至2020年末①，安徽省在贫困地区设立服务点5002个，村均0.62个；全省贫困地区办理各项助农取款业务308.87万笔，金额20.49亿元。

三是促进了国家各类支农惠农政策在安徽省的落实。服务点运用银行卡和受理终端等非现金支付工具和设施，成功探索了一条在无银行网点地区为农村居民直接提供金融服务的新途径。据统计，2016—2020年，安徽省财政惠农补贴资金通过银行卡发放金额达到1616.5亿元，惠及全省1400多万农户、3200万乡村人口，农村居民通过助农取款服务足不出村即可取出惠农补贴资金，使广大农村群众享受到支付体系现代化发展的成果，有力提升了党和政府在老百姓心中的形象。

四是助推了安徽省农村电商的发展。鼓励服务点与村级电子商务服务点互相依托建设实现优势互补、资源整合。截至2023年末，安徽省有2539个服务点加载了村级电子商务服务，占服务点总数的30%。服务点已经成为农村电子商务的重要载体，对“网货下乡、农品进城”起到重要作用，成为农村物流快递集散地。

二、准确分析助农取款服务高质量发展面临的困境

（一）助农取款服务供给的可持续性面临挑战

一是投入回报不匹配影响助农取款服务供给的可持续性。从调研情况来看，

① 脱贫攻坚决胜年。

安徽省助农取款服务收单机构普遍面临投入产出不匹配问题。在软硬件设施投入方面，服务点需布放银行卡受理终端、验钞机等设备，投入及运维成本较高，以某农商银行为例，在单个服务点投放金农惠民宝、验钞机等设备成本在 1.5 万元左右，每年维护费用在 1800 元左右；在激励政策投入方面，部分收单机构采取补贴等方式提高服务点业务量，以省内农业银行为例，自 2015 年以来累计投入劳务费等补贴激励资金超过 5000 万元。在收益成本匹配方面，服务点支付业务基本不收费，经济收益无法覆盖运营成本，调研反映，省内邮政储蓄银行设立的服务点单点年均净亏损在 1000 元以上。投入高、收益低，收益与成本倒挂的现实制约了各收单机构的主观能动性，服务点巡检、设备机具维护和系统加载新功能等管理工作积极性不高，影响助农取款服务的可持续发展。

二是服务人员短缺矛盾影响助农取款服务供给的可持续性。当前服务点的工作人员大多是本村信誉较好、能力较强、社会关系比较广的村民，多数以前担任过信用社代办员或村干部，这部分人目前年龄普遍偏大，50 岁以上的占比接近 40%。由于机具功能增加、业务类型丰富和电子化水平提升，相当一部分服务人员无法跟上业务发展需要，服务点工作人员更新换代需求十分迫切。但由于服务点收入水平比较低，对农村年轻人吸引力较小，再加上农村地区老龄化、空心化加剧，农村地区金融服务可供选择的人员十分有限，服务点人员缺乏问题对未来发展构成严峻挑战。

（二）助农取款服务需求的可持续性面临挑战

一是移动支付方式普及一定程度替代了助农取款服务需求。随着农村支付环境建设的不断深入，以移动支付为代表的便捷支付方式在农村地区得到广泛应用，对现金收支替代效用显著。问卷调查显示，仅 20.2% 的服务点负责人表示所在行政村使用现金较多，且现金需求用于人情往来占比为 58.8%，购买生活用品占比为 32.4%，日常生活消费不再是现金的主要用途。此外，即使部分农村居民有现金需求，也可通过微信或支付宝等移动支付工具转账给服务点负责人或其他人来实现取款功能，无须通过助农取款服务办理。

二是农村人口和金融需求的变化发展影响了助农取款服务需求。第七次人口普查数据显示，安徽省农村常住人口较十年前减少 849 万人，城镇化率提升 15.34 个百分点。同期，农村地区交通状况显著改善，农村人口分布日渐从分散的自然村向公共设施更加完善的中心村集中。农村经济社会的发展导致农村地区经济活跃度提升，农村居民的金融需求已不限于传统的取现、转账等业务，投资、理财等多元化金融需求渐长，部分农村居民更愿意依托便利的交通条件前往银行网点办理业务。

三是农村地区金融基础设施持续改善降低了服务点业务需求。随着农村经济潜力的不断释放，各金融机构向农村地区业务下沉和资源投入的力度持续加大，农村地区金融基础设施持续改善。据统计，2023 年末安徽省在农村地区设立银行网点 5700 家以上、布放 ATM 1.24 万台，较 2015 年末分别增长 23.59% 和 51.20%；银行网点乡镇覆盖率达 100%；全省 1.49 万个行政村通过银行网点、ATM、POS 机、扫码设备等多样化渠道已实现金融服务全覆盖。可以说，完善的金融基础设施对以填补金融服务空白为目的的服务点业务产生显著替代效应。

（三）助农取款服务综合化发展面临挑战

一是助农取款普惠服务定位与金融机构市场经营导向存在一定差异。乡村振兴战略的实施推动农村经济水平快速提升，再加上市场竞争和经营压力加大，金融机构开始重视开发农村市场，但在这一过程中部分金融机构更关注获取农村资源，普惠金融服务意愿不足。一方面，由于农村之间经济发展水平差异较大，大多数金融机构倾向于在经济基础好、业务量大的村设置服务点，从而导致部分村的服务点较为集中，金融资源的布局“冷”“热”不均。另一方面，部分金融机构设置的服务点“惠农不足”，依托服务点办理其他非支付盈利性金融业务，目的在于抢占农村地区金融市场份额，存在一定的风险隐患。

二是现实发展需要对于进一步完善既有制度依据提出更高要求。随着我国精简行政许可事项及规范依法行政工作的持续推进，早期制度依据和管理方式已不再适应当前行政管理工作的需要。此外，上述制度中关于“收单机构应在服务点醒目处统一悬挂‘银行卡助农取款服务点’标牌”的规定与政府组织部门关于村、社区组织办公场所板牌清理规范工作的要求存在偏差，导致设立在村委会的服务点标牌难以统一悬挂，有待协调解决。

（四）助农取款服务规范化发展面临挑战

助农取款服务依托服务点办理，而服务点的本质身份是特约商户。在管理实践中，服务点与收单机构之间是通过协议约定的市场合作关系，双方属于平等的民事主体，而非金融机构内部的上下级隶属关系，这与普通银行网点、社区银行或自助银行有根本区别。基于此，收单机构对服务点缺少类似于对下级网点的强约束力，也不具备类似于下级网点的内控制度、人员配置和管理设施。此外，服务点的负责人不是收单机构的内部员工，其言行活动较难控制，但在客观上，其言行活动却对服务点的业务办理具有直接影响。然而，考虑到服务点承担着为农村居民提供基础支付服务的金融属性，日常管理中对其业务合规要求显著高于普通商户。上述矛盾天然地导致了对服务点的管理手段有限，且管理内容和约束力仅限于协议条款约定的权利义务，客观上难以实施全方位管理，可能出现管理短板和盲区。例如，部分服务点安防措施难以满足业务需求、部分老年人习惯于将银行卡和密码直接交由服务点负责人代为办理业务、部分服务点交易登记不规范等，直接管理难度较大，存在风险隐患。

三、准确定位助农取款服务高质量发展的路径

（一）明确定位、分类施策，将服务点打造成为金融服务乡村振兴的主要载体，提升助农取款服务的可持续性

在服务定位方面，随着乡村振兴战略的实施，农村地区产业格局持续优化，金融服务需求多元化，基础支付服务难以满足农村多元化金融服务需求。但是，通过银行机构开设网点方式难以实现成本效益相匹配。健全以服务点为主体的村级行政区金融服务体系，是改进农村基础金融服务的有效模式路径。应按照乡村振兴战略有关提高金融服务水平的要求，将服务点定位为金融服务乡村振兴的主要载体，坚持“因地制宜、实事求是、分类施策、防范风险”的原则，指导收单机构结合实际，科学调整服务点布局。

在管理机制方面，服务点的设立、变更及撤销应以切实服务当地群众需要为根本依据，不搞“一刀切”，按照“转型升级一批、规范巩固一批、风险化解一批”的思路分类施策，完善服务点动态管理机制。对业务量大、需求旺盛、条件设施完善的服务点优化、升级，打造成“乡村振兴金融服务站”，加强与社保、农业等相关部门的沟通协调，推动服务点与移动支付、农村电商、快递物流、社保发放、特色产业融合共建，促使服务点向综合性服务转型发展，提升服务质效；对基础需求稳定的服务点，强化日常管理，注重各项业务的规范性，持续发挥服务点基础服务功能；对于设施落后、风险隐患较大、无实质业务或确无需求的服务点，及时防范化解风险，合理撤并或更替。

（二）完善制度、加强协同，共同提升助农取款服务综合化发展水平，推动高质量发展

一方面，完善收单机构管理方式，通过窗口指导和柔性管理，引导更多金融机构开展助农取款收单业务；在操作层面，指导银行卡清算机构协调配合，协助达成管理目标。同时，加强与政府组织部门的沟通协调，完善服务点统一标牌管理，避免行政风险。另一方面，强化与地方党政部门的协调联动，有针对性地推动相关银行机构更加合理布局，本着“惠及民生”的原则，开展助农取款服务，鼓励有条件的乡镇或中心村在行政服务中心设立助农取款服务窗口，实现“服务点共建、问题共商、成果共享”的目标，提升农村基本公共服务便利性和金融服务普惠性，营造稳定的发展环境，为乡村振兴增添支付助力。

此外，完善监督评价机制，建立服务点分类评级指标体系，规范服务点建设。定期对各服务点的硬件设备、巡检培训、商户业务能力等多个维度开展星级评定工作，并将评级结果作为服务点差异化管理的重要参考依据，对高星级服务点加强政策、资金、设备支持，形成示范效应；对低星级服务点分析其原因，进行另选点新设或更换收单机构等操作，推动高质量、综合化发展。

（三）厘清职责、健全措施，稳步构建多维度监督管理体系，保障助农取款服务规范化发展

在管理职责方面，基于服务点是特约商户的本质属性，厘清各方职责，做到不缺位、不越位。人民银行及其分支机构作为监管部门，应按照属地原则承担监管职责：监管对象为开展业务的收单机构，监管内容为助农取款业务。收单机构作为市场主体，应切实承担本机构设立的服务点商户管理及业务合规管理主体责任，确保落实服务点商户实名制、交易真实性、受理终端、交易风险监测、培训及巡检、服务点标准设施配置等合规要求。服务点作为特约商户，应按照与收单机构签订的协议约定，接受收单机构的业务管理，规范办理业务。

在管理措施方面，一是强化助农取款交易监测和可疑交易核实，指导收单机构在条件允许的情况下，提升服务点的服务设施标准，例如，配备摄像监控等硬件设施；同时，指导收单机构积极引入大数据、人工智能、数理模型等金融科技手段进行服务点异常交易监测和终端机具风险管控，并根据监测结果实施风险分类预告预警，提升安全管理的前瞻性。二是强化科技赋能作用，推进银行卡助农取款服务信息管理系统建设，实现助农取款服务基础信息系统化报送与管理，实

时动态掌握辖内服务点及业务发展变化情况。三是联合当地村委、村办等基层组织对服务点商户开展协同管理，通过社区、村委及信息系统等多渠道走访查询，加大对服务点工作人员个人异常行为掌握和排查力度，消除道德风险隐患，弥补服务点相较于银行网点在内控制度、人员配备和硬件设施方面的不足，推动构建“物防＋人防＋技防＋人员管理”的服务点多维风控体系。四是持续做好开展农村支付结算知识宣传，提升宣传覆盖面和渗透率，重点宣传各类支付风险的特点、手段、危害和个人信息保护的重要性，持续增强农村居民现代金融意识和金融风险防控能力。

深化农村支付环境建设
助力实施乡村振兴战略的思考

文/张永红　侯　静*

摘要：一直以来，党中央始终把解决好“三农”问题作为全党工作的重中之重，2024年2月发布了党的十八大以来第12个指导“三农”工作的中央一号文件，提出有力有效推进乡村全面振兴“路线图”。农村支付服务是农村金融服务的基础，深化农村支付服务环境建设，是助力乡村振兴的重要手段。多年来，人民银行围绕服务“三农”、助力乡村振兴，持续满足农村居民和企业多样化的支付需求，构建了广覆盖、多层次、安全可靠、符合国情乡情的农村支付服务环境。本文基于当前乡村振兴发展视角，结合吉安实际，研究分析农村支付服务环境的现状，并提出相关思考建议。

关键词：支付服务　乡村振兴　支付环境

一、农村支付服务环境日臻改善

（一）支付服务提供布局不断优化

吉安市在推动农村支付服务环境建设的过程中，积极优化银行机构网点布局，积极推进银行机构在薄弱地区设立分支机构。2023年以来支持浦发银行、赣州银行、上饶银行在县域设立分支机构等，截至2024年6月末，吉安市共有40家银行机构，其中35家银行机构在农村地区设有网点，农村地区网点总数447个，农村地区每万人拥有银行网点数量2.2个，全市助农取款服务点4031

* 作者单位：中国人民银行吉安市分行。

个，覆盖全部行政村，2023 年助农取款点交易达 203.15 万笔，交易金额 9.66 亿元（见图 1）。同时，银行机构不断加大助农取款点调整布局和升级改造力度，不断提高线上服务质量，依托助农取款服务点开展便民缴费、新农保新农合缴费等增值业务，将单一的助农取款服务点转变为综合性金融服务站，成为提供金融产品服务的窗口、连接农村各类主体的纽带，为农村居民提供更加便捷的金融服务。

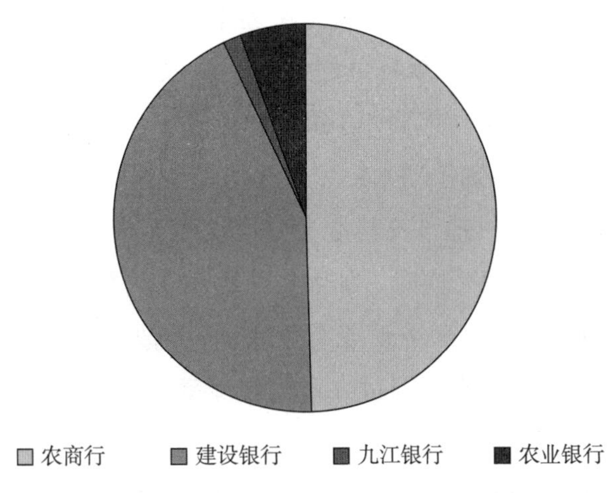

图 1　吉安市正常在用助农取款点分布情况

（二）银行结算账户普及率不断提高

涉农机构充分发挥管理半径小、决策路径短、经营灵活、门槛低的优势，努力打通农村金融服务“最后一公里”，不断优化便利开立账户政策措施，在防控风险的基础上，适当简化农户和农村经济组织开户手续。截至 2024 年 6 月末，涉农银行机构为农村地区开立单位银行结算账户 18190 户，个人银行结算账户 1877 万户，其中 13 家村镇银行为农村地区开立单位银行结算账户 5235 户、个人银行结算账户 20.68 万户，为助力普惠金融和乡村振兴发展提供基础服务。

（三）农村支付方式日益多元化

1. 银行卡受理市场建设不断深化。吉安市持续开展 ATM 银行卡受理改造工作，银行机构优化 ATM 布放和服务升级，通过推动移动支付、银行卡等多种支付方式并行发展，鼓励商户安装 POS 机。截至 2024 年 6 月末，银行机构共布放 ATM 2249 台，大约每 1.13 个行政村拥有 1 台，全市银行卡在用发卡数 1938 万张，银行卡受理终端数量 25661 个，其中 POS 机数量 22747 个，占比达 88.6%，

POS 机在农村地区的普及程度逐步提升。

2. 农村支付方式日益多元化。农业产业的不断升级，催生和拓展农产品加工流通、农业电商、乡村旅游等多种新业态，农村居民的支付需求也由单一存、取、汇向转账结算、信用支付、资金归集等多元需求转变。截至 2024 年 6 月末，全市发生电子支付业务 17454 万笔，金额 11588 亿元。其中，网上支付业务 7223 万笔，金额 6989 亿元；移动支付业务 8892 万笔，金额 4133 亿元，特别是移动支付交易规模不断增加，交易笔数、交易金额逐年增长。

3. 乡村振兴卡丰富农村群众特色用卡权益。根据客户需求加大乡村振兴卡的发卡量，推出开卡手续费、年费、小额账户管理费、跨行取款手续费和短信服务费“五免”优惠政策，依托“助农点 + 村委 + 县域网点”形成三级联动的客户服务网络，全面提升农村地区支付服务水平。截至 2024 年 6 月末，全市累计发放乡村振兴卡 17. 67 万张，同时，加大农村移动支付便民工程建设，与云闪付 App、小微企业卡等特色产品服务形成有效联动，例如，持卡人通过云闪付 App 上的乡村振兴卡主题专区，在云闪付 App 内便捷享受线上申卡、自动绑卡、免费领取涉农意外保险权益等综合服务。

（四）支付清算系统不断完善

各涉农银行机构依托人民银行大小额支付系统、银行卡跨行交易清算系统、银行业金融机构行内支付系统等提供结算服务。截至 2024 年 6 月末，大额支付系统共处理业务 19. 77 万笔，金额 7666 亿元；小额支付系统共处理业务 298. 32 万笔，金额 1113 亿元；银行业金融机构行内支付系统共处理业务 794 万笔，金额 3379 亿元，资金流入量、流出量前三均为涉农银行机构。农村支付结算网络日益完善，支付清算渠道畅通，特别是农商行发挥自身清算网络、业务网点、行内系统优势，为当地政府、中小企业和个体工商户提供服务，资金流动日益活跃。

（五）农村支付服务的融合发展

1. 与数字普惠金融发展深度融合。2020 年，中国人民银行等七部门印发《江西省赣州市、吉安市普惠金融改革试验区总体方案》，标志着吉安市创建全国普惠金融改革试验区拉开帷幕，吉安市先后出台了《关于做优做强帮扶产业打好农业标准化规模化品牌化提升攻坚战的实施方案 2024—2026 年)》《关于优化支付服务提升支付便利性工作实施方案》等政策措施，大力实施数字普惠金融建设。截至 2024 年 6 月末，支付服务减费让利惠及农村小微企业及个体工商户 19.6 万户，金额 2228.9 万元。农商行等机构积极借力数字技术，将支付服务下沉到更为广泛的社会底层群体。例如，泰和农商行与当地卫健委合作推广“银医通”系统，通过窗口、自助机、微信服务号打造线上线下一体化数字医疗服务，给患者带来更加便捷、高效的就诊体验，助力乡村医疗卫生领域的数字普惠金融发展，2023 年“银医通”累计缴费 12.56 万笔，缴费金额达 1897 万元。

2. 与特色数字场景建设深度融合。吉安市持续推进移动支付便民工程建设，在农村地区大力推广“非接触式支付服务”新渠道，让移动支付场景更好地下沉镇、村两级，向农村生产、生活领域渗透，如缴费、出行、医疗、养老等，满足农村居民对普惠金融服务的多样化、差异化需求。截至 2024 年 6 月末，全市 13 个区、县（市）公交已全部实现移动支付受理，全面完成 3 个示范县（市）、3 个引领县（市）建设工作，建成 18 个移动支付示范商圈、24 个示范菜场、12 个示范景区、289 个惠农站、214 个乡村旅游示范店等便民特色场景。银行业金融机构还运用金融科技手段，积极为“三农”客户打造乡村振兴专属场景金融服务平台。例如，江西银行打造“江银 i 农”平台，以“智慧 + 场景 + 金融”为主体，创新将“农资集采直供”撮合模式、“三农”专项分析模型、农业生产经营链交易全协同、专业服务体系融入一站式服务，实现与省内各级财政、农业、林业等政府部门的战略合作，广泛对接全市农业产业联合体。

二、农村支付服务环境建设面临的新挑战

（一）农村支付服务资源分布不均衡，基础设施建设有待完善

农村支付基础设施建设仍存短板和不均衡，农村支付环境的区域性差异仍然比较突出。农村支付服务环境的长远发展需要以完善的网络基础设施为保障，农村地区受经济发展、自然环境等因素影响，移动通信、信息化程度、互联网普及率在地区之间也形成了差异化发展，吉安市一些偏远地区网络、硬件设施薄弱，影响了移动支付客户体验。农村地区智能终端设备普及率较低，特别是中老年群体使用智能手机人数较少，阻碍了以智能终端为载体的网络建设和数字金融的发挥，网络设施及终端设备存在的劣势制约了农村地区支付服务发展进程。

在优化助农取款服务点布局、创新支付工具应用等方面仍存在差距。对于经

济落后的乡镇，农村支付仍以基本生活场景为主，缺乏有深度、广度和黏性的消费场景，农村产业尚未形成特色化的支付模式，与农业数字化转型的结合不够，涉农对公支付发展相对缓慢，银行机构投入动力不足，以服务“三农”为主的涉农金融机构服务对象主要是农村居民、小微企业，但其自身实力不足、技术更新相对滞后，服务覆盖面有限，导致了农村地区银行机构营业网点和自助工具的布设更多集中在经济较为活跃的乡镇。

（二）农民收入与支付观念不匹配，农村支付服务质量有待提升

随着农村经济发展，农村居民收入水平和消费能力不断提高，2023 年吉安市农村居民人均可支配收入增速为 6.6%，农村居民的消费观念已经从过去的追求衣食无忧转变到现在不断追求消费的更高层次，对衣、食、住、行、用、文娱、医疗、教育等消费领域都提出了更高的要求，而农村居民的支付观念并未随着消费和收入增长而提升。农村地区主要以老年人和幼儿为主，随着金融科技和数字经济的发展，金融机构开展数字化转型，将部分金融服务从线下转向线上，金融智能技术在提升金融服务效率和体验的同时，老年群体较难充分享受线上金融服务带来的便利。长期使用现金支付和银行转账等传统支付业务，农村居民的金融知识相对匮乏，外部信息获取能力差，对风险缺乏准确的认知和判断，对线上支付的便捷性、账户资金的安全性和个人信息的隐私保护存在疑虑。

（三）农村支付服务供需不平衡，农村支付可持续性面临挑战

随着数字技术的飞速发展，新型移动支付工具不断迭代升级，为市场经济注入支付“活水”，给市场主体带来极大便利，但农村偏远地区的支付服务市场应用场景、特色产品较少，居民享有的金融服务资源有限，县域乡镇大多是农村商业银行提供相关金融服务，农村支付服务供给与农村发展需求还不平衡。农村产业逐渐呈多元化、规模化发展，现代农村经济发展催生一批以农民合作社、家庭农场为代表的新型农业经营主体，以特色农产品为载体的线上直播带货、网店经营模式，进一步带动了农村地区各类支付服务需求，农村支付服务不能简单地局限于增加新型支付工具的数量，应更深入地探究“涉农支付 +”需求，结合新农村建设拓展新的应用场景，不断满足个人侧、企业侧的需求，同时关注日益增长的政府侧需求。

（四）农村居民金融知识相对匮乏，农村支付安全有待加强

农村支付的区域风险状况差异较大，由于区域经济发展不平衡，各地金融服务体系建设及风险防控水平存在较大差距，欠发达地区农村的支付风险更突出。欠发达农村地区的POS机等支付硬件设施布放分散，巡检维护和安全防范都存在一定困难。部分基层支付服务机构或平台人员专业性不足，支付清算服务的应急管理机制滞后，支付风险化解能力相对较弱，农村居民普遍存在金融素养不高等问题，风险防范意识相对薄弱，容易成为不法分子"围猎"的对象，受到各类新型电信诈骗活动的侵害。

三、深化农村支付环境建设助力乡村振兴的思考

（一）着力改善硬件环境，优化资源布局，推动农村支付环境建设可持续发展

1. 强化农村地区移动网络建设。基础设施既是利用数字科技助力乡村振兴的有效平台与支柱，又是消除"数字鸿沟"的重要手段。政府部门加强与移动网络运营商合作，通过政策引导三大通信运营商增加对农村地区尤其是偏远地区的移动网络设备投入，提高农村地区移动终端的覆盖率，同时完善基础配套设施，确保移动网络的正常运行，满足数字乡村建设过程中的网络承载能力和安全需求，提高农村居民使用移动支付的积极性。加大智能POS机、手机银行等移动支付设备的布放力度，确保农村居民便捷进行移动支付。

2. 优化农村地区金融资源布局。持续完善支付基础设施功能和布局，推动现有农村地区助农取款服务点综合化、数字化升级改造，选取群众满意度高的农村商户，运用"普惠金融＋党建""普惠金融＋创业""普惠金融＋电商"等多模式，进一步丰富农村移动支付的产品功能。创新小额支付工具、拓展小额支付方式、畅通小额支付渠道，鼓励银行机构对接数字乡村发展战略，满足农村居民基础金融服务需求。

3. 深化移动支付便民服务场景建设。积极拓展涵盖农村居民日常生活相关领域的支付领域，深耕公共缴费、医疗健康、文化旅游、小微商户拓展等重点便民场景。以移动支付便民工程引领县为辐射带动点，将移动支付服务触角向乡镇及村级延伸，加强与农村集中居住区、农村龙头企业所在村、休闲观光农业精品村、美丽乡村示范村的对接，完善移动支付便民应用场景建设，将支付服务与农村生活进行无缝对接，并加载多样的增值服务，满足农村居民对支付服务的多样

化、差异化需求。

（二）聚焦农业农村需求，发展多元化支付工具，创新农村支付产品

1. 大力推动金融科技在农村地区的发展应用。数字乡村既是乡村振兴的战略方向，也是建设数字金融的重要内容。发展农村数字普惠金融，推动构建“线上线下打通、跨金融机构互通、金融与公共领域融通”的新型服务渠道体系。加强农业生产经营数据自动化采集和智能化分析，实现金融服务对农业重点领域和关键环节的“精准滴灌”。加大农村普惠金融服务点自助服务机具投放力度，提升农村公共服务便利化水平。推动涉农数据跨领域共享应用，加大金融科技在农村居民生活场景的数字化应用。

2. 创新推出适应农村、农业、农民的支付产品。结合农村发展实际，鼓励市场主体多样化发展，既要发挥大机构的规模优势、专业优势，也要发挥中小机构的灵活性、地缘性特点，推动支付结算等基础金融服务从服务农民生活向服务农业生产、农村生态延伸，进一步提高乡村振兴卡等特色卡的服务质量和水平，扩大其覆盖范围。加大移动支付产品创新力度，使支付服务触达农村各类主体，积极引导农村居民开通网上银行、手机银行等新型支付工具，并推广网上支付、二维码支付、手机号码支付等新型支付方式。

3. 打通农村老年群体支付服务的堵点和难点。围绕支付产品适老化升级，针对不同群体提供定制化服务，确保支付工具的普及性和易用性。银行机构和支付机构应根据农村支付现状，进一步加快金融服务数字化转型，为农民群体提供更方便、快捷和高效的移动支付产品与服务。将支付服务嵌入农村生活场景，补齐老年群体移动支付服务短板，针对地域差异、经济差异和用户现实需求，积极运用现代信息技术，提供更多智能化产品和服务，探索普及刷脸支付、声波支付、指纹支付等方式，满足多元化服务需求，让老年人能用、会用、敢用。

（三）构建多元协同格局，提供全方位宣传教育，保障农村支付环境安全

1. 高度重视农村支付安全提升风险防范水平。将农村支付安全放在突出位置，利用大数据、人工智能等先进技术，进一步完善农村支付服务风险预警和应急管理机制。强化与公安、市场监管、网信等部门的职能协作，形成打击农村支付服务领域违法犯罪长效机制。提升涉农机构安全意识和责任意识，通过提高产品风险防控系数、优化产品操作流程，增强支付产品的安全技防水平。

2. 坚持宣教结合提升农村居民金融素养。构建多元协同的金融宣传教育格局，依托银行网点、助农取款服务点、老年学校和社会组织等开展农村支付结算知识宣传，持续增强农民现代金融意识和金融风险防控能力。为农村居民提供支付工具使用培训，帮助他们掌握支付工具的操作方法和安全用卡知识，提高银行卡的认知度和使用率。引导农村居民通过手机银行、网上银行便捷查询助农补贴和养老补贴等财政补贴的发放情况，使农村居民逐步接受并使用移动支付产品，将移动支付的触角延伸至转账汇款、线上缴费等领域，结合电信网络诈骗常见案件，分析电信网络诈骗的特征、常用手法等，增强农村居民的防骗意识和防骗能力。

3. 建立跨部门协作机制提升治理能力。加强部门间的政策协调，通过跨部门协作机制促进信息共享、资源整合和政策协同，形成工作合力。银行机构派驻客户经理加入当地驻村工作队提供网点化金融服务，依托驻村工作队建立金融服务站；在产业发展方面，利用自身资源和专业优势，促进当地特色产业快速发展；村两委主动加强与银行机构和支付机构合作，共同组建文明实践志愿服务队，打造“大科普”格局；结合普法教育，围绕电信诈骗等群众关心的热点问题，以现场讲解、走村上户等多种形式向村民普及法律知识。

参考文献

[1] 胡庭法．乡村振兴的金融支持研究［J］．上海商业，2022（2）：73－75.

[2] 焦涛．农村金融支持乡村振兴面临的困境及对策研究［J］．中国集体经济，2021（30）：86－87.

[3] 骆桐，苗芳．移动支付风险分析［J］．对外经贸，2020（4）：55－57.

[4] 李长春，冯丽群．移动支付助力乡村振兴的问题及建议［J］．北方金融，2020（2）：110－112.

[5] 张莉．乡村振兴背景下农村支付服务体系建设路径选择研究——以甘肃省张掖市为例［J］．甘肃金融，2022（6）：68－71.

欠发达地区支付服务环境建设的现状与出路

——以庆阳市为例

文/吴　淼　张军辉*

摘要：庆阳市地处黄土高原腹地，是一个传统的农业城市，2023年经济总量在全国地级市中排名第246位，是典型的经济欠发达地区。本文对近年来庆阳市支付服务环境建设情况进行了全面梳理，深入分析了庆阳市支付服务环境建设方面存在的统筹协调机制不完善、发展模式单一、公平机制不健全、存在安全隐患等问题，并在此基础上提出了对策建议。

关键词：支付服务　现状　对策

一、庆阳市支付服务现状分析

一是支付普惠进程进一步加快。截至2024年6月末，庆阳市共有存量个人银行账户1518.54万户，人均拥有账户数7.1户，较上年提升5.9%；共有存量单位银行结算账户7.64万户，其中基本存款账户5.8万户，基本存款账户普及率达97%，较上年提升2.8%。“助农取款服务+银行网点+其他”的农村支付服务格局基本形成，建成助农取款服务点1854个，近3年全市服务点年均办理业务48.62万笔、金额3.1亿元，直接惠及人群72.3万人。全面完成对全市383个银行网点的适老化改造，对行动不便的老年客户提供上门服务。

二是非现金支付受理环境持续改善。截至2024年6月末，全市各银行共布放银行卡受理终端（含POS机、转账电话等）1.9万台、条码支付受理终端（含

* 作者单位：中国人民银行庆阳市分行。

收款盒子、聚合条码等辅助受理终端）7.92万台，每万人拥有银行支付受理终端约为425台；2023年全市银行支付受理终端交易量562.4亿元，同比增长53%。

三是支付服务惠民利企不断深化。全市所有银行全面接入政府“一网通办”政务服务平台，248家银行网点支持企业通过微信公众号、网上银行、手机银行等渠道进行开户预约，143家网点支持小微企业在线提交开户证明文件。所有银行网点支持异地账户升降级和销户，383家网点提供跨行代发工资服务。截至2024年6月末，全市累计通过简易开户方式开立个人银行账户78.06万户，办理跨行代发工资业务3.7万笔。推动落实支付手续费降费政策，全市各支付服务主体累计减免支付手续费1981万元，切实降低小微企业和个体工商户经营成本。

四是支付安全风险总体可控，银行、公安、金融监管等各部门联防联控机制趋于完善，“打防管控宣”工作格局初步形成。人民银行及各商业银行均成立了“资金链”治理工作专班，统筹业务部门、风险管理部门、科技保障部门、安保部门职责任务，形成立体化账户风险管理框架。2024年以来，全市涉案账户数量月均环比下降7.4%，账户涉案风险得到有效遏制。

二、存在的问题

一是统筹协调和工作激励机制不完善。支付环境建设工作涉及农业农村、通信、公安等多个领域以及银行、支付机构、清算机构等多类主体，但目前支付环境建设主要由人民银行单一主导，缺乏对多部门、多主体的统筹协调。相对于城市，在农村地区开展支付环境建设工作更多具有普惠性质，因此，应当对相关主体进行适当形式的补贴，以克服成本收益不匹配的困境，但这方面的工作未见启动。

二是支付服务模式单一，可持续性不强。整体而言，各银行机构提供的支付服务大部分是简单的资金收付服务，服务模式单一且附加值较低，比如常见的商户二维码收款、停车场收费等，银行机构只能从中赚取微薄的中间手续费。同时，在广大农村市场，传统的助农取款服务已无法满足农村居民生产生活日益多元化的支付服务需求，运营成本与收益不匹配，有相当部分的服务点处于歇业或半歇业状态。

三是公平机制不健全，城乡差距延伸到支付服务领域。在现有发展格局下，城市地区无论是在现金存取、转账汇款、日常缴费等基本服务还是在休闲娱乐、教育就业等享受性服务方面，均享有比农村地区更为丰富的支付结算服务资源。出于成本效益等因素考量，大部分银行机构、支付机构对于农村支付市场投入不足，难以保障农村基本支付服务需求。

四是支付安全问题困扰行业发展。由于农村支付环境建设是一个漫长的过程，支付市场、工具等面临的安全性出现在各个方面，既有因手机病毒、支付软件漏洞等导致的用户信息盗用，也有个人出租出借银行卡导致的账户涉案问题。如庆阳市连续3年涉诈涉赌账户数位居全省前列，随之导致银行在开户中更加严格和审慎，客户的支付服务体验有所下降。

三、工作建议

（一）系统推进支付环境建设

首先，建议地方政府尽快出台支付环境建设的配套政策，明确各级政府、人民银行、金融机构（银行、支付机构）及其他相关主体的主导责任、建设责任和配合责任，配套出台专项考核、评估和激励政策。其次，要注重构建工作合力，强化执行，建议成立“支付服务环境建设领导小组”，将支付服务环境建设融入本地经济社会发展的大盘子通盘考虑，从构建“双循环”发展格局、数字经济、乡村振兴等战略高度精确锚定支付环境建设的“点”和“面”，实现支付环境与经济社会发展互相促进的可持续发展。最后，要不断完善支付市场发展各项机制，从市场经济发展和优化营商环境的角度不断完善支付市场体制机制，包括有序的竞争机制、一视同仁的准入机制、积极活跃的创新机制、公平公正的纠纷化解机制、全面可持续的人才培养机制等，为支付服务环境持续向好提供坚实保障。

（二）多元拓展支付阵地

首先，各支付服务主体应当注重与构建“双循环”发展格局、数字经济、乡村振兴等国家经济社会发展重大战略相结合，主动对接项目需求，比如，积极寻求与庆阳市“东数西算”产业园区进行深度合作。其次，各机构要善于抓住市场机遇，善于利用政策红利、市场空白等有利条件，努力为人民群众提供优质的支付服务，比如在以往的线下支付场景中，微信、支付宝两家机构占据了市场90%以上的份额，但随着“条码互联互通”的实现，银行机构可以凭借自己强大的市场推广能力，通过聚合支付实现弯道超车，一方面给消费者带来便利，另一方面扩大了支付市场。

（三）持续提升支付服务能力

一是要发挥好支付机构市场灵敏度高、创新能力超前的优势，引导支付机构充分挖掘数字乡村建设中支付领域的蓝海市场，比如农产品产销平台建设、乡村文旅、小微商户聚合支付等。二是要善于“借力”，引导银联参与支付市场建设，充分利用其技术实力雄厚、行业经验丰富等优势。三是抓好农村支付基础受理环境建设，探索开展助农取款服务点优化升级和各类移动支付工具适老化改造，切实提升农村居民对现代支付服务的可得性；强化科技赋能，充分利用金融科技拓宽拓深支付服务的触达范围，用科技手段改进传统服务模式和方式，拓宽支付服务广度、增加下沉的深度。

（四）加强支付风险治理

各银行机构要不断加大科技研发投入与应用，提升客户身份识别的精准性及高效性，在落实简易开户政策的同时，有效防范风险。加强与税务、公安、工商等部门的沟通协作，在安全保密的前提下，强化信息共享，为行业监管和银行机构账户管理提供坚实的数据基础。推动银行机构建立账户服务长效机制，落实责任追究时充分区分机制性原因和操作性原因，将尽职免责理念落到实处，解决开户难开户慢问题。

金融账户

基于策略改进的境外来华人员账户服务研究

文/鲁玲玲　廖祥宾　吴世浩*

摘要：优化针对境外来华长期人员（以下简称境外来华人员）的账户服务是当前支付服务改进的重要环节。本文基于境外来华人员的实际需求，深入剖析了我国现行境外来华人员账户服务中存在的问题，从简化开户流程等四个方面，针对性地构建了“技术+服务+”的策略优化模式，旨在提升账户服务便捷性、安全性和效率，全面增强境外来华人员服务体验。

关键词：境外来华人员　账户服务　策略优化模式　服务体验

随着中国对外开放程度的日益加深，越来越多的外籍人士选择来华工作、学习与居住，其对于金融服务的需求也日益增长。受语言障碍、文化差异等多重因素影响，当前境外来华人员在华开设、使用银行账户时遇到诸多不便，因此优化账户服务，为境外来华人员提供更加便捷、安全、高效的支付服务，满足其在中国境内的金融需求，对于提升我国金融服务的国际化水平、增强国家软实力等均具有重要意义。

一、当前账户服务问题分析

（一）尽职调查流程长

银行在接收境外来华人员的开户申请时，若需开通网银等更多账户功能，则

* 作者单位：宁波银行绍兴分行。

需进行更为严格的尽职调查审核。这一流程涉及对客户背景的深入调查、收入证明的核实等多个方面，旨在根据尽职调查的结果评估是否开通相应的账户功能。然而，此过程因复杂性较高而耗时较长。从技术层面看，身份核验环节也面临诸多挑战。尽管部分银行已引入光学字符识别（OCR）技术和芯片识别技术以提升核验效率，但这些技术在银行业内的普及度尚不充分，且更新滞后。尤其值得注意的是，部分旧版护照因无芯片或芯片损坏等原因，无法通过技术核验，需转而依赖传统的人工核验方式，这一过程不仅耗时较长，而且实施难度较大。

（二）语言交互障碍

一是服务界面不够“友好”。银行各类服务界面，包括自助机具、网点柜面，电子银行、客服等，显示的语言还是以中文为主，不利于不懂中文的境外人员使用。二是沟通障碍。在电话银行、柜面端与银行员工沟通时，可能存在沟通语言障碍，影响信息的准确传递。

（三）跨境汇款不便

一是到账时间长。有些银行未能提供清晰的汇款处理时间，导致无法准确预期资金到账时间；有的银行还存在多个中间环节，汇款到账时间较长，不利于需要快速资金周转的客户。另外，银行内部的审批流程或跨境合规检查可能导致汇款处理出现延误。二是过程不透明，无法实时了解汇款的状态；由于缺乏明确的信息，难以比较不同银行的手续费率，进行成本效益分析。

（四）服务信息受阻

一是缺乏定制化信息。不少银行服务信息没有针对境外来华人员的特定需求进行定制，如服务宣传材料缺少一些特殊情况说明，没有按照境外人员生活习惯和文化背景差异提供定制化服务。二是信息获取困难。境外人员可能难以获取有关银行服务的详细信息，缺少专门针对境外人员的金融知识普及活动，政策变动、汇率信息等未能快速准确地传达给境外客户。

二、账户服务优化策略

针对境外来华人员在银行账户服务方面遇到的上述问题，随着金融科技的发展和现代服务模式的创新，可以从简化开户流程、多语言界面、优化跨境汇款服务、提供定制化信息服务四个方面构建“技术 + 服务 +”的策略优化模式，有效提高服务效率、降低运营成本、增强客户满意度。

（一）简化开户流程

通过线上预约、电子文件提交等方式简化开户流程。

1. 整合资源线上预约。线上预约系统作为优化开户流程的关键组成部分，对于提升境外来华人员开户体验至关重要。具体而言，当境外来华人员抵达境内后，在机场、海关等入境口岸场所，客户可以通过相应的App或扫描二维码等方式，便捷地进入线上预约系统。系统内客户可以自行选择语言进行账户开立的预约操作，填写相关信息并上传护照等相关资料进行实名认证。系统随后整合客户提供的信息和移民局等有关部门的入境口岸信息，为客户提供就近可办理开户业务的银行网点预约服务，确保客户仅需前往银行一次即可完成全部开户流程，显著增强开户体验。

2. 电子身份认证。电子身份认证是一种利用技术手段验证个人身份的方法，在金融服务领域尤其是在银行开户和交易验证中的应用越来越广泛，为金融机构提供了一种高效、安全的方式来验证客户身份。它通过整合OCR技术和eKYC（“电子了解你的客户”）流程，实现身份信息的快速准确认证，同时采用高级加密标准保护用户数据，通过数据加密、安全令牌和异常监测等方式确保电子身份认证过程的安全性。

3. 一站式服务。一站式服务是一种高效的服务模式，通过提供专门窗口和流程优化，为客户提供快捷、方便的全套服务。比如，在银行网点设置境外人员服务专区并配置专业团队，提供专业化的一站式开户服务，能够减少等待时间，快速响应需求。同时，进一步优化内部审批流程，利用自动化工具和软件减少人工操作时间，确保减少客户等待时间。

此外，通过客户教育与定期回访提供新服务模式。在客户教育方面，帮助境外人员了解开户流程和所需文件，定期举办金融知识讲座，帮助境外人员更好地理解我国的银行系统和金融产品。定期回访方面，建立客户关系管理系统，持续跟踪境外客户的服务体验，定期与境外客户沟通，进行满意度和改进意见调查，不断优化服务。

4. 配套措施。配套措施是服务不可或缺的一部分，通过实施配套措施，能够提供更加全面、便捷的开户和银行服务体验，不仅有助于提高客户的满意度和忠诚度，还能增强银行的国际竞争力，吸引更多的国际客户。主要包括开户指南、客户支持、反馈机制三部分，具体如表1所示。

表1　　配套设施具体策略

序号	具体措施	描述说明
开户指南	详细指南	制作并提供详尽的开户指南，涵盖开户所需的所有文件、步骤和要求
	多渠道分发	开户指南应以电子版和印刷版两种形式提供，方便客户随时查阅
	语言支持	确保开户指南提供多语言版本，以适应不同语言背景的客户
客户支持	多渠道接入	建立客户支持中心，提供电话、电子邮件、在线聊天等多种沟通渠道
	专业团队	组建专业的客户支持团队，能够解答客户的疑问并提供有效的帮助
	即时响应	确保客户问题能够得到快速响应和解决，提高客户满意度
反馈机制	收集反馈	主动收集境外来华人员对开户服务的反馈，了解他们的体验和需求
	持续改进	根据收集到的反馈，不断改进开户流程和服务，以更好地满足客户需求
	反馈奖励	可以为提供有价值反馈的客户给予一定的奖励或认可，鼓励客户参与

（二）多语言服务支持

多语言服务是金融机构提供包容性服务的关键组成部分，它不仅有助于境外来华人员更好地理解和利用银行服务，还体现了银行的国际化视野及对多元文化的尊重。通过实施多语言服务策略，银行能够拓宽其客户群体，增强全球竞争力。

1. 网站多语言支持。涵盖三个方面：其一，界面翻译，确保银行网站的所有关键信息与功能均提供多语言版本；其二，用户友好设计，网站设计需兼顾不同语言用户的阅读习惯，确保信息的清晰度和易理解性；其三，自动语言识别，即网站应具备自动检测用户设备语言设置并提供相应语言界面的功能。

2. 自助服务设备。优化措施涉及多语言选项、直观操作界面及语音辅助三大角度。多语言选项指的是在自助服务设备上提供多种语言供用户选择；直观操作则要求设计简洁易懂的操作界面，以降低非中文母语者的使用难度；语音辅助则考虑集成语音识别与语音反馈功能，以辅助有语言障碍的用户。

3. 移动应用。多语言服务的实施包括两个方面：一是应用内语言设置，即在移动应用中提供语言选择功能，允许用户根据个人偏好进行设置；二是确保所有语言版本的应用能够同步更新，以提供最新信息和服务。

4. 客户服务。构建能够提供多语言服务的客服团队，并在现场无法即时提供翻译的情况下，提供电话或视频远程翻译服务；在电话和在线咨询中嵌入即时翻译功能；并在必要时辅以高质量的翻译软件。

5. 服务培训。银行应从提升员工的文化适应性入手，对其进行文化敏感性培训，以增强其对国际客户的服务能力。同时，员工需深入了解客户不同的文化需求和偏好，以提供贴合需求的服务和产品信息。此外，应将语言能力提升作为员工职业发展的重要组成部分，鼓励其不断精进。

（三）优化跨境汇款服务

优化跨境汇款是提升境外来华人员银行服务体验的重要方面，通过降低手续费、加快汇款速度和提供汇款追踪服务，能够显著提升跨境汇款的效率和透明度。这不仅能增强境外来华人员的满意度，还有助于建立良好的国际形象。

1. 加快汇款速度。加快汇款速度是提升跨境汇款服务的关键因素，尤其是在全球化背景下对此有着更迫切的需求。随着金融科技的不断发展，这些解决方案将成为提供现代化、高效汇款服务的重要工具。主要包括四个方面：一是与国内外快速支付系统对接，实现资金即时或次日到账，保护资金和信息安全。二是利用区块链的去中心化特点，实现点对点直接交易，降低中间成本和时间，增加交易透明度。三是通过智能合约自动验证交易条件，实现自动化处理，减少人工错误和延误。四是建立持续监测机制，减少因合规检查导致的汇款延迟。

2. 汇款追踪。汇款追踪功能对于提高客户满意度和信任度至关重要，尤其是在进行跨境汇款时，可以为客户提供清晰、实时的汇款追踪服务，增强客户对汇款流程的控制感和信任感。主要包括四个方面：一是实时更新交易情况，建立或利用现有的交易监控系统，实时跟踪每笔汇款的状态，同时允许客户实时查看其汇款的状态。二是简化用户界面，设计易于理解和操作的汇款追踪界面，清晰显示汇款步骤和阶段，方便客户快速获取汇款信息。三是服务通知及时，通过短信、电子邮件等多种通信渠道发送通知，并支持个性化定制，允许客户选择接收的通知类型。四是提供人性化服务，包括保留汇款的历史记录便于回查、提供客户支持服务在线解答客户问题等。

（四）提供定制化信息服务

通过提供个性化金融产品、定制化信息推送和文化适应性服务，能够更好地满足境外来华人员的特定需求，不仅有助于银行吸引和保留国际客户，还能增强品牌形象和市场竞争力。随着全球化的不断发展，定制化信息服务将成为银行服务不可或缺的一部分。

1. 设计个性化金融产品。通过问卷调查、面对面访谈、市场分析等手段，收集境外来华人员的金融需求信息；利用数据分析技术，分析客户的消费习惯和偏好，并评估客户的风险承受能力，设计开发符合境外来华人员投资偏好的个性化金融产品。

2. 推送定制化信息。通过数据挖掘技术分析客户交易行为，识别客户的个性化需求和偏好。通过开发定制算法，根据客户的交易行为和偏好提供个性化推荐，推送定制化的金融信息和服务，如投资建议、市场分析等。

3. 文化适应性。提供符合境外来华人员文化背景的金融教育和咨询服务，鼓励客户参与服务设计，收集意见和建议，进而改善服务体验。设立文化顾问，为境外来华人员提供文化适应性咨询服务。

此外，金融机构提供服务时必须坚守合规底线，通过合规自动化和监管政策沟通，确保服务既符合监管要求，又能满足境外来华人员需求。合规自动化是提高效率、降低成本、加强风险管理的重要手段，利用 RegTech 工具自动完成合规检查，减少人工审核，提高合规检查的速度和准确性。监管政策沟通是确保银行业务合规性的关键环节，需定期与监管机构沟通，确保银行政策与监管要求同步更新，持续关注监管环境的变化，包括法律法规、政策指导和行业标准，对银行内部政策和程序进行定期审查和更新，确保与最新监管要求一致，并建立专业的合规团队，负责监管政策的解读和内外部传达。

总之，优化境外来华人员的账户服务是我国金融市场开放与国际化的重要体现。金融机构应积极响应，通过创新技术和服务模式，致力于提供更加便捷、安全、高效的账户服务，以提升境外来华人员对银行服务的整体体验，不仅有助于银行提高自身的国际竞争力，为未来的全球化发展奠定坚实基础，同时也充分展现了我国金融市场的开放性与包容性。

金融改革

商业银行减费让利研究

文/姜　岚*

摘要：近年来，商业银行积极响应国家减费让利政策，通过降低贷款利率、减免手续费等措施，切实减轻小微企业和个体工商户的财务负担，支持实体经济的发展。同时，监管机构也加强了对商业银行收费行为的监督。本文通过分析政策背景、监管措施、商业银行的行动与影响，深入探讨了减费让利政策的实施效果及其未来发展方向。研究显示，尽管该政策对银行业的营业收入产生了一定影响，但整体影响处于可控范围内。未来，需进一步加强政策宣传、完善监管措施、推动银行数字化转型，确保减费让利政策能够真正广泛惠企利民，助力实体经济发展。

关键词：商业银行　减费让利　小微企业　监管措施　数字化转型

2020年，新冠疫情对实体经济造成了冲击，企业面临着经营困难和融资压力。在此背景下，国家出台了一系列减费让利政策，商业银行积极响应、监管机构等积极推动，通过降低贷款利率、发放优惠贷款、延长小微企业贷款还本付息期限等措施，直接减轻企业的财务负担。商业银行减费让利已经成为支撑实体经济发展的重大措施。

一、政策制度与监管措施

近年来，中国人民银行、国家金融监督管理总局（原银保监会，下同）等监管部门和自律组织出台了多项优惠政策，推动银行业减费让利（见表1）。为加

* 作者单位：宁波银行。

大监管力度，人民银行、国家金融监督管理总局、发展改革委及市场监管总局等相关部门提高监督检查的频率，对商业银行的手续费收费情况进行了严密的监管，并对政策执行力不足的机构进行了专项指导。

表1　　减费让利政策汇总（截至2024年5月底）

时间	政策	发布主体	主要内容
2021年6月24日	《关于降低小微企业和个体工商户支付手续费的通知》	中国人民银行、国家金融监督管理总局（原银保监会）、国家发展改革委、国家市场监督管理总局四部门联合发布	①降低银行账户服务费 ②降低人民币转账汇款手续费 ③取消部分票据业务收费 ④降低银行卡刷卡手续费
2021年6月25日	《关于降低自动取款机（ATM）跨行取现手续费的倡议书》	中国支付清算协会、中国银行业协会联合发布	鼓励各银行和清算机构适当降低同城ATM跨行取现手续费和异地跨行取现手续费，收费标准不超过3.5元/笔
2021年6月25日	《关于降低小微企业和个体工商户支付手续费的倡议书》	中国支付清算协会、中国银行业协会联合发布	①降低银行账户开户手续费 ②降低人民币结算服务手续费 ③降低电子银行服务收费 ④降低支付账户服务费
2023年10月12日	《关于调整银行部分服务价格提升服务质效的倡议书》	中国银行业协会	①取消商业汇票工本费 ②降低银行承兑汇票手续费 ③减免个人存款账户对账单打印费 ④对安全认证工具工本费实施成本定价方式 ⑤综合提升信用卡服务质效

特别是在过去的两年里，国家金融监督管理总局已多次清理银行业的乱收费现象，同时也对一些商业银行的违规收费行为进行了公开批评和曝光。数据显示，自2023年至2024年5月底，国家金融监督管理总局对全国银行业机构涉及违规收费的罚单共计355张，228家银行机构因涉及违规收费被罚。

二、商业银行的行动与影响

商业银行在推进减费让利政策时，主要着眼于降低银行卡手续费、支付结算费及账户管理费等费用。这一系列的费用减免措施，不可避免地导致相应项目的手续费及佣金收入受到某种程度的影响。通过这一政策调整，银行在追求社会责任与商业利益之间寻求了一种新的平衡。

根据58家上市银行披露的2023年年度报告，上市银行实现手续费及佣金净收入人民币7734.06亿元，同比下降8.05%。上市银行为支持实体经济发展，继续对客户采取减费让利措施，且由于资本市场波动，理财服务和顾问咨询等手续费收入下降，导致手续费及佣金净收入下降（见图1）。

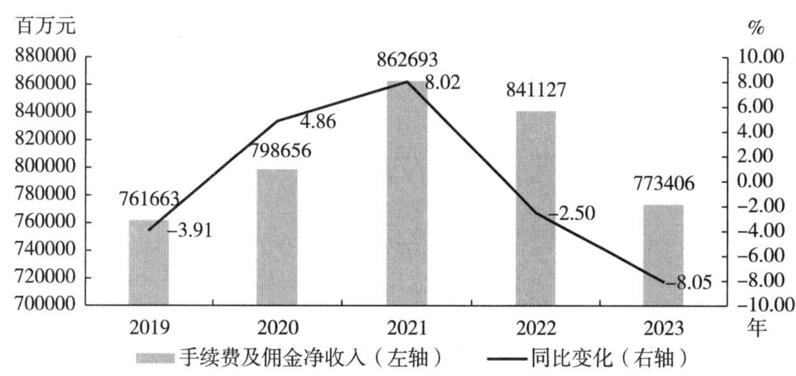

图1　上市银行手续费及佣金净收入变动趋势（2019—2023年）

国有银行手续费及佣金净收入降幅为2.01%，降幅较2022年度的2.26%收窄0.25个百分点。其中，中国银行手续费及佣金净收入同比增长5.31%，其余5家国有银行手续费及佣金净收入均有所下滑，其中，工商银行下降7.71%，交通银行下降4.13%。股份制商业银行手续费及佣金净收入降幅为14.51%，降幅较2022年度的1.82%扩大12.69个百分点。城市商业银行手续费及佣金净收入降幅为23.73%，降幅较2022年度的6.24%扩大17.49个百分点。农村商业银行手续费及佣金净收入降幅为8.85%，降幅较2022年度的13.13%缩小4.28个百分点（见图2、表2）。

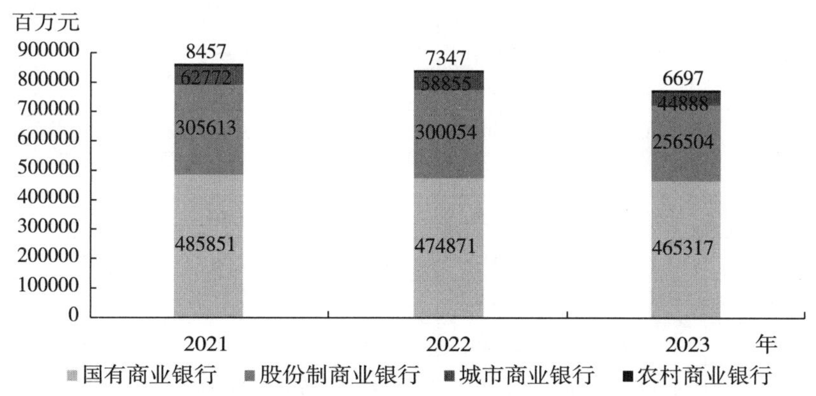

图2　上市银行手续费及佣金净收入（2021—2023年）

表2　　上市银行手续费及佣金净收入及增长率

机构	2021 年		2022 年		2023 年	
	金额/百万元	增长率/%	金额/百万元	增长率/%	金额/百万元	增长率/%
中国工商银行	133024	1. 38	129325	-2. 78	119357	-7. 71
中国建设银行	121492	6. 03	116085	-4. 45	115746	-0. 29
中国农业银行	80329	7. 76	81282	1. 19	80093	-1. 46
中国银行	81426	7. 82	74890	-8. 03	78865	5. 31
交通银行	47573	5. 52	44. 855	-5. 71	43004	-4. 13
中国邮政储蓄银行	22007	33. 42	28434	29. 20	28252	-0. 64
国有商业银行	**485851**	**6. 21**	**474871**	**-2. 26**	**465317**	**-2. 01**
招商银行	94447	18. 82	94. 275	-0. 18	84108	-10. 78
兴业银行	42680	13. 18	45041	5. 53	27755	-38. 38
中信银行	35870	24. 39	37092	3. 41	32383	-12. 70
平安银行	33062	11. 47	30208	-8. 63	29430	-2. 58
中国光大银行	27314	11. 90	26744	-2. 09	23698	-11. 39
浦发银行	29134	-14. 18	28691	-1. 52	24453	-14. 77
中国民生银行	27566	-0. 35	20274	-26. 45	19236	-5. 12
华夏银行	9252	-12. 37	10369	12. 07	6402	-38. 26
浙商银行	4050	-4. 71	4791	18. 30	5040	5. 20
渤海银行	2238	-22. 88	2569	14. 79	3999	55. 66
股份制商业银行	**305613**	**9. 37**	**300054**	**-1. 82**	**256504**	**-14. 51**
江苏银行	7490	39. 82	6252	-16. 53	4276	-31. 61
北京银行	5990	626	7066	17. 96	3752	-46. 90
宁波银行	8262	30. 27	7. 466	-9. 63	5767	-22. 76
上海银行	9047	61. 29	6493	-28. 23	4915	-24. 30
南京银行	5801	16. 84	5. 344	-7. 88	3629	-32. 09
徽商银行	4431	22. 50	4180	-5. 66	2805	-32. 89
杭州银行	3608	19. 67	4674	29. 55	4043	-13. 50
成都银行	532	45. 36	677	27. 26	662	-2. 22
长沙银行	1064	33. 50	1319	23. 97	1532	16. 15
贵阳银行	664	-23. 59	414	-37. 65	281	-32. 13
重庆银行	769	-25. 84	761	-1. 04	411	-45. 99
苏州银行	1222	29. 31	1317	7. 77	1239	-5. 92
齐鲁银行	947	50. 32	1235	30. 41	1119	-9. 39
天津银行	1784	-22. 80	1686	-5. 49	1570	-6. 88
青岛银行	1955	15. 54	1445	-26. 09	1587	9. 83

续表

机构	2021 年		2022 年		2023 年	
	金额/百万元	增长率/%	金额/百万元	增长率/%	金额/百万元	增长率/%
贵州银行	428	17.91	363	-15.19	338	-6.89
中原银行	1933	8.23	1783	-7.76	1319	-26.02
厦门银行	376	14.98	432	14.89	414	-4.17
西安银行	560	-6.04	407	-27.32	277	-31.94
威海银行	592	27.59	677	14.36	633	-6.50
晋商银行	765	7.29	734	-4.05	703	-4.22
兰州银行	384	71.43	365	-4.95	268	-26.58
郑州银行	1242	-28.21	791	-36.31	579	-26.80
江西银行	699	20.73	642	-8.15	522	-18.69
泸州银行	57	1040.00	94	64.91	103	9.57
哈尔滨银行	697	-20.80	732	5.02	645	-11.89
盛京银行	429	-37.74	264	-38.46	147	-44.32
九江银行	693	11.06	842	21.50	972	15.44
甘肃银行	351	6.69	400	13.96	380	-5.00
城市商业银行	62772	17.88	58855	-6.24	44888	-23.73
上海农商银行	2166	-7.12	2156	-0.46	2268	5.19
重庆农商银行	2724	-6.17	1913	-29.77	1791	-6.38
东莞农商银行	792	-15.74	686	-13.38	713	3.94
常熟农商银行	238	60.81	188	-21.01	32	-82.98
广州农商银行	1319	-0.60	1382	4.78	847	-38.71
青岛农商银行	492	62.91	459	-6.71	596	29.85
无锡农商银行	183	3.98	227	24.04	132	-41.85
江阴衣商银行	138	38.00	93	-32.61	80	-13.98
张家港农商银行	124	-1340.00	47	-62.10	27	-42.55
瑞丰农商银行	-133	—	-83	—	-13	—
苏州农商银行	218	67.69	131	-39.91	89	-32.06
紫金农商银行	123	-2.38	66	-46.34	115	74.24
九台农商银行	73	-68.40	82	12.33	20	-75.61
农村商业银行	**8457**	**-0.95**	**7347**	**-13.13**	**6697**	**-8.85**
全部上市银行	**862693**	**8.02**	**841127**	**-2.50**	**773406**	**-8.05**

据调查，某上市股份制商业银行 2023 年手续费及佣金净收入占营业收入总额的 9%，其中，支付结算类手续费收入约占手续费及佣金净收入的 8%。该银行 2023 年支付手续费累计让利 2.77 亿元，惠及小微企业和个体工商户 35.87

万户。

因此，总体来看，那些受减费让利政策深刻影响的业务，其手续费收入在银行业整体营业收入中所占的比重并不大，减费让利举措对银行业营业收入的影响仍然在可控范围内。虽然减费让利给银行业的盈利能力带来了一定压力，但这也是银行业响应国家政策、支持实体经济发展的重要举措。银行业通过削减服务费用和降低融资成本，切实为小微企业、个体工商户等市场主体提供实质性的帮助，这样的措施不仅有助于经济的稳定，也进一步推动了经济的持续回升向好。

三、未来发展方向

当前，商业银行的减费让利措施已经非常完备，几乎是“减无可减”了。2023 年 12 月的中央经济工作会议为未来中国经济发展释放了更积极的稳增长信号。“减费让利”仍将延续，银行业依然负重前行，如何在保持自身盈利与服务经济恢复之间做好平衡，是我们需要重点思考的问题。

（一）加速小微企业信息共享，降低金融机构数据成本

为了更有效地推动减费让利政策惠企利民，创造一个有利的政策环境至关重要。现阶段，小微企业面临信息不对称的困境，其信息分散存储于市场监管、税务等多个系统之中，征信系统之间缺乏高效的共享机制，且信息的实时更新也存在不足。若银行无法全面了解企业的经营状况和征信记录，便难以对业务作出精准的决策。虽然近年来我国在征信体系建设方面取得了积极进展，但整体而言，该体系仍处于发展的初期。展望未来，我们应当致力于加速中小微企业经营信息的共享进程，并确保这些信息能够对金融机构开放，从而提升减费让利政策的实施效果。

与此同时，高昂的数据成本也对银行落实减费让利政策构成了挑战。目前，市场上金融服务所需的数据成本持续攀升，这使得银行在获客、营销推广、客户关系管理、风险控制及服务提供等多个环节都面临沉重的压力。为了助力银行业有效执行减费让利政策，需要思考如何降低金融机构在提供金融服务时所承担的数据成本。为实现这一目标，相关部门可以积极整合来自政府、公共事业及各行业的数据资源，并有序、规范且以较低的成本向金融机构开放这些数据，从而为其减费让利创造有利条件。

（二）完善减费让利监管机制，构建良性金融秩序

减费让利能否落到实处，需要进一步加强监管。从近年来监管针对银行机构的处罚来看，其中涉及违规收费问题的不在少数，表现形式也是多种多样，常见的违规收费行为有强制捆绑贷款、收费与服务质价不符、转嫁成本费用、巧立名目收费等。作为营利性企业，商业银行提供服务、收取费用是正常的市场经营行为，尤其是在当前银行业整体息差承压的背景下，为了补充息差收窄带来的营收缺口，银行机构更是纷纷发力中间业务，寻求新的利润增长点。这无可厚非，但相应的银行收费也应当合法、合规、合理。

从监管角度而言，严监管将有助于构建起良性的金融秩序，进而激发市场主体活力。一方面，监管需继续督促商业银行建立起价格与服务相称、成本合理补偿、标准科学透明的服务收费机制。另一方面，监管也要加大对各类违规收费行为的检查和惩戒力度，让银行机构形成不敢违规的自我约束。同时，畅通违规收费的投诉举报渠道，建立并完善对举报者的保护机制，从而促进各类隐性违规收费乱象充分曝光。

（三）推进商业银行数字化转型，增强核心竞争力

从银行机构的角度出发，减费让利政策实际上是对其综合运营和管理能力的一次严峻考验。在确保不触碰风险红线的前提下，银行要实现减费让利就必须降成本。未来，商业银行应当充分发挥科技金融的力量，将金融服务深度融入小微企业以及实体经济的日常运营场景，降低小微企业获取金融服务的成本，更加贴近市场需求。“打铁还需自身硬”，在推动实体经济高质量发展的进程中，银行业必须持续增强自身的核心竞争力。一是利用科技金融降低成本。商业银行应积极采用大数据、人工智能、云计算等技术，研发出更为实用的技术和产品，以此提升金融行业的数字化水平。通过技术革新降低成本，从而为减费让利创造更多的可能性。二是建立健全小微企业识别机制。商业银行应合理界定小微企业身份，对于无法准确界定小微企业身份的情形，要秉持“应降尽降”原则，做到最大化惠企利民。三是加强政策宣传与教育。通过银行官网、微信公众号等渠道，发布政策解读文章，帮助小微企业理解政策红利。

总之，持续推动银行业减费让利是实现普惠金融、助力中小微企业的重要举措，对于优化金融环境、促进经济发展具有深远的意义。为了让政策真正落地生根并产生实效，我们必须采取多元化的措施。这包括但不限于加强政策宣传与解

读，确保企业和民众充分了解并享受到减费让利的政策红利。同时，还需建立完善的监管机制，防止政策执行中的偏差，保障政策的公平性和可持续性。商业银行需要加快数字化转型的步伐，实现科技赋能、提升业务效率、降低运营成本。通过这些综合举措，期望银行业减费让利能够真正惠及广大企业和民众，为经济社会稳定发展贡献力量。

参考文献

[1] 廖志明，戴甜甜．商业银行减费让利惠企利民［J］．金融博览，2022（5）：58－59.

[2] 邓忠，董占宇，来俊斌．金融机构支持实体经济减费让利的调查［J］．北方金融，2022（6）：110－112.

[3] 范应胜．保山市金融机构减费让利惠企利民的实践与思考［J］．时代金融，2022（2）：13－15.

[4] 慈玉鹏．减费让利中收下滑银行轻资本转型突围［N］．中国经营报，2023－11－06（B04）.

[5] 孙翔宇．加快发展虚拟人技术推动商业银行降本增效［J］．现代商业银行，2022（8）：54－57.

[6] 孙兆．加大减费让利力度提升金融服务质效［N］．中国经济时报，2023－11－02（002）.

[7] 王新浩．恪守“支付为民”初心，务实做好小微企业减费让利［J］．中国信用卡，2022（5）：19－20.

国际观察

国外养老金融发展经验启示研究

文/李　彤　陈子恒　王　佳　程思远　李茜茜　魏　雷*

摘要：养老金融作为中央金融工作会议提出的金融五篇大文章之一，其全面深入发展成为积极应对人口老龄化挑战的国家战略。本文梳理总结了国外主要老龄化国家的养老金融特点、养老产业和养老服务金融发展实践等，比较我国养老金融发展的不足及推进阻碍，立足于推动金融工作与养老事业、养老产业深入结合，促进养老金融高质量发展提出了相关政策建议。

关键词：养老金融　第三支柱　个人养老金　养老产业

一、国外养老金融发展实践

（一）养老金融发展实践

1. 基于两种税收优惠制度建立了多款第三支柱养老金。当前主要的税收优惠政策模式分为递延纳税（EET）模式和先税后免（TEE）模式两种，其中EET模式表示在缴费环节免个税，投资收益免个税，在领取环节缴个税；TEE模式则相反，在缴纳环节缴个税，在投资收益及领取环节免个税。而账户制则成为当前养老金管理的主流做法，通过设立与个人绑定的实名制养老金账户并将其作为养老金运营管理的基础平台，更有利于实施各类税收优惠政策。美国的第三支柱为个人退休金账户计划（IRAs），主要包括三种类型，分别是传统型IRA、罗斯型IRA和雇主发起型IRA，其中传统型IRA资产规模占比约为85%，采用EET模式，后两种采用TEE模式。德国第三支柱的“里斯特”养老金计划采取EET模

* 作者单位：中国人民银行淮北市分行。

式，参保人要获得全额津贴，最低缴费额为上年工资的4%。日本的第三支柱养老金体系包含个人DC年金计划（以下简称iDeCo）和个人储蓄账户计划（以下简称NISA），其中iDeCo是为了应对自由职业者的养老储蓄需求而产生的，采用的是EET模式；NISA主要是通过税收优惠吸引更多的年轻人进行养老储蓄，采用的是TEE模式。

2. 通过较大税收优惠激励推动个人养老金制度发展。国外的第三支柱税收优惠政策不仅灵活多样、力度更大，并且随着收入和物价水平的上涨不断调整以强化激励作用。美国的IRA账户缴费限额经历多次改革，建立之初的限额为每年1500美元，此后不断调高，2023年IRA缴费上限增加至每年6500美元，占人均可支配收入的比例约为10%。按照美国个人所得税法，在没有参加企业年金或职业年金时，IRA账户每年通过缴费最高可以带来2405美元的税收优惠。德国个人养老金“吕库普”养老保险是可以享受政府大数额、高比率退税的私人自愿投保的商业保险，因其没有限制最低缴款额且有税收递延政策，可替代自由职业者法定养老金，为未获得基本养老保险强制性保护人群提供补充保障。日本NISA账户的免税定投份额为120万日元/年，而日本当前资本利得税税率为20.32%，因此该免税政策非常具有吸引力。

3. 建立转账机制联通不同支柱间账户资金互转。多数国家养老体系发展是由第一支柱基本养老保障逐步扩充到第二、第三支柱，后者对前者起到补充作用。美国特有的第二、第三支柱之间的转账机制将养老体系各层次有机地联系起来。劳动者在离开原企业之后，如果新企业未发起企业年金计划，则可将原有的资产转入IRA账户。IRA在特殊情况下可以提前支取，如需支付重大医疗费用、成为残障人士、失业满12周、持有人死亡、房屋首付、高等教育学杂费用等。加拿大养老金转账机制也较为灵活，其在第二、第三支柱上的资金可以进行互转，只需向税务局登记即可，很大程度上推动了个人养老金的发展。

4. 个人养老金账户可投资范围灵活。允许投资者自主管理，且赋予养老金投向较大的灵活性，推动了部分国家养老第三支柱收益率的提升和资金池的扩大。日本的NISA是个人储蓄账户，可投资产范围包括上市公司股票、投资信托、ETF、REITs等。截至2022年3月末，日本投资信托、上市公司股票、ETF和REITs占比分别为57.5%、39.5%、2.2%和0.8%。美国的IRAs账户也允许参与者自主管理，按照偏好直接投资金融产品或将资金放入现金管理工具，截至

2023年末，本国权益资产配置占比为44%、世界权益占比为12%、混合资产占比为18%、债券占比为16%、货币占比为10%。德国“里斯特”养老金账户投资中保险合约占总规模的三分之二，由于保险产品收益率低、保费过高，导致个人养老金回报率逐步降低，由最初的3.25%下降为1.75%。德国《职业养老金改善法》扭转了保本保收益的固化思维，覆盖了保险、基金、证券投资产品等，资产配置更加多样化。

5. 建立多部门协作配合的个人养老金监管体系。养老金激励机制发挥作用离不开严格监管，广泛投资领域的金融产品更需要多部门监管合作，从顶层设计、统筹规划、政策宣讲和合规监管等各个方面协同推进。英国的养老金监管分为四类，第一类劳动和养老金部负责养老金融体系的顶层设计、政策实施和养老金改革，适当提供托底保障；第二类审慎监管和金融行为监管局负责投资和养老金融产品相关的监管；第三类财政部、税务局和海关总署提供配套制度和统计服务监管；第四类养老金监管局负责管理保障型基金。韩国的个人养老金计划主要监管机构为企划财政部和金融委员会，前者负责制定和修改个人养老金有关的法律制度，后者负责制定养老金储蓄制度及其税收优惠政策，以及金融机构养老金储蓄产品，并提供专门咨询服务。

（二）养老产业金融和养老服务金融发展实践

1. 政府积极出台法律及财税政策引导养老产业发展。部分国家政府均鼓励养老产业发展，健全养老产业规划配套法律政策。新加坡提出医疗体系、生活成本、养老服务体系计划等政策方针，对养老产业提供有力的政策支持。英国出台《国家老年人服务框架》《国家规划政策框架》等，在老年人医疗照顾、社区建设等方面进行规范。法国对养老服务进行系统性的规划，并将家庭服务业等相关行业纳入国家战略规划。政府通过减免税收等措施减轻养老产业企业负担，重视对养老产业上下游企业的技能和管理培训，并和企业共同出资开展，同时政府将有关培训融入大学职业教育。日本政府组建“银色标志认证委员会”，对中小企业进行管理和技术的指导。

2. 开发养老产业金融支持工具。部分国家不断发展多样化的养老金融工具，对养老产业和服务的发展给予了全方位、全流程的支持。日本通过银行和保险公司打造“现代养老产业发展基金”，支持养老住宅建设和养老服务机构运营，银行向企业客户提供低息贷款及债权回收服务，保险公司则拓展赔偿责任保险和企业年金业务。银行向个人客户提供长期护理贷款和住房反向抵押贷款，保险公司推出个人年金、长期护理保险及养老保险新商品。美国养老产业市场化和产业化程度高，资本市场与养老产业深度融合，金融工具如抵押贷款保险、不动产投资信托基金等促进私人资本投入。

3. 推出特色养老金融产品。“以房养老”是国外养老金融创新产品，补充了养老保险范畴。韩国于2007年建立住宅年金制度，允许60岁以上老人将房产抵押给金融公司，按房屋价值获取担保及养老金，设定贷款额度最高为房屋价值的50%，同时准许继续居住。新加坡于2009年推出房屋契约回购计划，允许62岁以上、收入低、房产未减值且只购一套房屋的老年人将剩余租期售予建屋局，继续居住并领取养老金补贴。日本的住房反向抵押贷款分政府主导型和民间参与型。政府主导型由65岁以上老人抵押房产从政府获得养老金，总额不超过房地产时价的80%，申请者去世后，担保人需一次性偿还本金和利息。民间参与型由金融机构直接经营，养老金总额不超过房地产时价的70%，申请者去世后，担保人需在3个月内偿还本金和利息。

4. 大力发展养老投顾市场。养老体系的复杂性和成熟的资本市场催生了对专业投资顾问的强烈需求并助推了养老投顾市场的繁荣。2021年，美国投顾管理资产规模达128.4万亿美元，较2000年增长533.8%，平均收益率为8.3%。数据表明，约78%的美国投资者在确定养老金投资策略时会选择专业的金融机构咨询服务。日本的iDeCo（个人DC年金计划）投顾市场繁荣，有一百多家金融机构参与竞争，投资者在选择时主要考量账户管理费、产品多样性和服务附加值。2022年，SBI证券、松井证券等五家机构因在这些方面表现优异，被iDeCo评为年度推荐金融机构，凸显了投顾市场的竞争与活力。

二、国内养老金融发展现状

（一）养老金融发展体系基本完善

我国已经基本建成了全覆盖、多层次的社会保障体系，由财政、企业和个人共同参与，政府、社会机构、用人单位和个人共同管理、共同承担，形成了基本养老保险、企业和职业年金、个人养老金三支柱养老保险制度框架。作为养老保险体系第三支柱的重要制度设计，个人养老金制度于2022年11月在全国36个城市（地区）率先启动。当前，个人养老金成为养老金融发展的重点。

（二）金融机构积极推动养老服务和产业金融发展

积极提供基本养老保险基金，企业年金账管、投管和托管业务，不断满足养老体系资产配置需求；积极开展个人养老金政策宣讲、养老规划和资产配置专项服务，开发养老基金、理财、保险、信托、储蓄等特色金融产品，满足不同风险偏好客户的需求；积极打造适老化金融服务特色网点，持续推进互联网应用适老化改造，不断提升适老化金融服务水平；出台针对银发经济产业的专项信贷政策，积极运用普惠养老专项再贷款，不断加大对养老服务设施、银发经济产业项目建设的支持力度。

（三）养老金融发展需加速推进

一是人口老龄化加速演化。第七次全国人口普查数据显示，我国 60 岁及以上人口占比为 18.70%，与第六次全国人口普查相比上升 5.44 个百分点；其中，65 岁及以上人口占比为 13.50%，与第六次全国人口普查相比上升 4.63 个百分点。按照联合国标准，我国已临近中度老龄化社会。2033 年前后，我国进入重度老龄化社会，2053 年前后人口老龄化水平超过 35%。二是养老金储备少。我国整体养老金储备约为 12 万亿元，占 GDP 比重约为 10%，远低于经济合作与发展组织（OECD）国家占比 50% 的平均规模。三是公共养老负担重。我国养老金资产主要集中在第一支柱政府主导的公共养老金，资产占比约为 70%，个人养老金以员工福利计划为主，资产规模占比仍较小，与发达国家以个人养老金为主的模式截然相反。

（四）第三支柱发展不成熟

一是账户缴存不足。目前，个人养老资金账户缴存人数占开户人数的比例仅为 22%；人均年缴存金额仅约 2000 元，与 1.2 万元的缴存上限有较大差距；投资人数占缴存人数的比重仅为 62%，实际投资的仅有 682 万人。二是账户管理灵活性不足。个人养老资金账户封闭运行，锁定期长，提取条件严格，对发生重大家庭变故等特殊情况考虑不足。此外，过于强调加入基本养老保险为开户的前提，限制了灵活就业者的参与。三是税收激励不足。我国此前个人税收递延型商业养老保险试点采取 EET 的递延征税模式，适用范围相对较窄，节税力度偏小，中低收入群体因收入达不到起征点而无法享受，农民和灵活就业等群体并不适用个人所得税从而缺乏税收激励。

（五）个人养老金融产品相对匮乏

一是金融机构间合作有待提升。当前理财产品、保险、基金等个人养老金产品主要通过银行渠道代销。截至2023年11月末，23家试点银行中办理理财交易业务的仅有13家，办理保险交易业务的仅有18家，代理销售超过100只的仅有9家。二是产品收益存在不足。储蓄和保险类的产品收益相对比较稳定，基金类产品的收益表现欠佳。如截至2023年11月末，167只个人养老金的基金产品平均年化收益率是-4.32%，仅15只收益率为正，13只收益率低于-10%。三是产品设计存在不足。产品同质化较为普遍，不同银行养老金融产品在存取方式、期限结构、利息水平等方面相近，养老保险产品中同类产品缴款内容相似度高。产品期限短期偏多和养老资产积累长期需求的匹配有差距，截至2023年11月末，19只个人养老金理财产品中持有期达5年的仅有2只。

（六）养老产业融资渠道不畅

现阶段养老产业资金主要来源于国家财政收入和地方政府投资，投向集中在社区养老、医药健康等相对成熟的领域。据工信部数据，到2030年，国内养老产业市场规模将超过20万亿元，资金需求量较大。然而，由于部分养老产业项目存在建设周期偏长、利润回报率偏低、市场风险的不确定性等因素，同时，部分商业银行缺乏对应的金融支持养老产业发展的信贷政策，较少推出有针对性的金融创新产品，对养老产业的支持度较低。中小企业无法获得较高的信用评级，限制了商业银行信贷对养老产业的直接介入。民间资本投资者因可掌控的长期资金不充足，缺乏参与投融资的积极性。

三、国外养老金融发展经验启示及相关建议

（一）进一步完善养老第三支柱激励政策

一是优化第三支柱税收优惠政策。探索建立“EET+TEE”税制的个人养老金制度，允许中低收入者和高收入者根据自身情况选择两种税制模式中的一种储备个人养老金。试点对低收入群体的个人养老金全免税模式，提高低收入群体对第三支柱养老保险的参与度。对税收优惠政策和缴费上限实行动态调整。二是探索建立第二支柱与第三支柱互通机制。建立第二支柱和第三支柱之间的衔接办法和综合税收优惠制度，使已经拥有企业年金或者职业年金的从业者离职后，能够

将其转入第三支柱养老账户并继续享受一定的税收优惠。三是完善个人养老金灵活领取机制。增加第三支柱的风险保障功能，允许个人养老金应急使用，如允许个人或家庭在遭遇大病、身残、失业等特殊情况下提取个人养老资金账户里的养老储备资产。探索实施差异化个人养老金领取个税政策，对于一次性领取方式征收较高的个税，对分期领取方式征收适度的个税。四是拓宽个人养老金投资范围。探索建立默认投资机制，增加个人养老资金账户可投资资产品种，如经监管部门筛选的上市公司股票、利率债、信用债、ETF、REITs 等，对投资者开展风险承受能力评估，允许不同风险承受能力的投资者投资对应风险等级的资产品种。五是强化第三支柱监管协作。建立并畅通人社、金融、财政、民政等相关主管部门的沟通协调机制，明确职责分工，协同推进第三支柱深入发展。

（二）着力打通养老产业金融发展梗阻

一是建立养老产业标准规范。健全行业发展机制和法律法规，建立养老产业分类统计标准及相关目录，完善数据信息共享机制，及时梳理、发布优质养老服务企业、养老产业项目和养老制造业企业名单，为银行机构支持养老产业发展提供信息服务，共同推进对养老行业的金融服务支持。二是加大养老产业财政金融支持力度。强化财政税收优惠政策的导向作用，通过政策资金撬动信贷资金，加强对养老产业项目融资的财税支持。对养老产业项目、服务企业和制造业企业贷款给予风险补偿、财政贴息、奖励、减税降费等支持政策，推动符合标准的银发经济产业项目落地生根。三是建立完善的养老产业融资信用支持体系。探索建立专门的养老产业融资担保公司、养老产业贷款风险补充基金等，为养老产业提供信用增级。充分发挥主管部门和行业协会作用，加强行业监管，促进行业自律，引导企业规范财务管理，提高投资主体对养老产业的信心。将养老机构等级评定结果共享至金融机构，作为信贷授信审批和资金价格的参考条件。四是完善金融支持政策。相关主管部门和金融机构尽快制定完善对养老产业的信贷指导意见和授信政策，鼓励对产权明晰、信誉良好、经营规范、等级评定较高的养老服务企业发放信用贷款，引导金融机构开发更多适合养老产业经营特点的信贷创新产品。五是促进多元化融资。引导各类社会资本投资养老产业，促使投资目标各异的多元资本互相交融、互相促进、互相支持，进而推动养老产业发展和格局调整。

（三）增加养老金融产品和服务供给

一是鼓励养老金融产品创新。借鉴新加坡、日本等国的经验，鼓励研发以目标日期基金、长期护理保险、住房反向抵押贷款为代表的养老金融产品。紧紧把握养老储蓄存款普惠性和养老性的鲜明取向，研发设计产品期限较长、收益比较稳定，同时契合低风险偏好的养老储蓄产品。二是大力发展养老投顾市场。引导银证保等金融机构协同合作，为养老客户提供金融产品服务设计、投资咨询、税收优惠测算、健康管理等一体化投顾金融服务。建立养老投顾机构评价体系，通过制定评价标准和方法，对参与养老投顾市场的金融机构进行定期评估，鼓励优秀机构发展，提升市场竞争力和活力。三是加强养老保障体系建设服务。金融机构积极融入和参与国家多支柱养老金体系建设，在受托、账管、托管、投管等方面提供综合性的养老金融服务；相关部门进一步降低企业年金、社保资金托管银行准入资质门槛，给予更多商业银行参与资格，特别向竞争优势较弱的地方性法人机构倾斜，全面提高商业银行向养老金融业务拓展的积极性。四是强化适老化金融服务。推动金融服务适老化向农村老年群体聚集地区延伸，加强金融服务智能适老化改造，尤其是金融机构网络终端及智能设备适老化改造，进一步优化界面服务，增加大字服务、语音辅助、一键求助等功能，提升老年群体数字化适应能力。五是重视养老金融风险防范。结合养老金融业务链条长、外部合作多的特点，在加强各类传统风险防控的同时，重点关注养老金融交叉风险和输入性风险，同时，加大防范非法集资、反电诈等金融知识宣传，强化老年人金融权益保护，为养老金融可持续发展奠定良好基础。

参考文献

［1］江世银．国外典型国家金融服务养老实践及其启示［J］．四川轻化工大学学报（社会科学版），2021，36（3）：16－31.

［2］廖广卿．借鉴国外经验推进我国养老事业和养老产业协同发展［M］//中国老年学和老年医学学会．新时代积极应对人口老龄化研究文集·2021．北京：华龄出版社，2021：62－68.

［3］宋海佩．日本、韩国老龄产业发展比较研究［D］．华中科大学，2020.

［4］张园．国外养老服务产业化的经验及其对我国的启示价值［J］．劳动保障世界，2017（21）：15－16.

［5］张慧智，金香丹．韩国多支柱养老保障体系改革及启示［J］．人口学

刊，2017，39（2）：68 – 77.

［6］娄飞鹏．个人养老金业务发展建议［J］．银行家，2024（2）：51 – 54.

［7］王方然．个人养老金“吸睛不吸金”业内建议这些优化措施［N］．第一财经日报，2023 – 11 – 07（A01）．

［8］联合国经济和社会事务部．2024 年世界人口展望［R］．美国：联合国，2024.

［9］东方证券．2023 年美国养老金体系专题分析：IRA 发展归因，渗透率、参与度、可转换与盈利性的四重奏［EB/OL］．（2023 – 07 – 17）［2024 – 06 – 23］．https：//www. vzkoo. com/read/2023071764609bc63fdbf733df724fee. html.

［10］丹尼尔·荣德（Daniel F. Runde）及其团队．西半球国家应利用数字化转型解决人口老龄化问题［R］．USA：美国国际战略研究中心，2021.

英国 RTGS 账户准入政策与优化建议

文/袁　波　沈　凌　吕坤亮　孟　昕*

摘要：2024 年 2 月 8 日，英格兰银行（英国央行）发布《英国 RTGS 账户准入政策与优化建议》的讨论文件，对审查 RTGS 账户服务的相关政策进行讨论。文件全面概述了 RTGS 账户基本情况和结算访问框架，介绍了 RTGS 账户准入政策的相关背景，重点讨论了非银行支付服务提供商接入 RTGS 的审议程序、金融市场基础设施（FMIs）进入 RTGS 要求、外资银行使用 RTGS 的结算需求以英格兰银行自动支付清算系统（CHAPS）① 业务限额四个优先事项。本文对相关讨论内容进行了编译整理。

关键词：RTGS 账户　准入政策　政策优化

一、RTGS 账户基本框架

（一）RTGS 账户基本情况

实时全额支付系统（Real Time Gross Settlement，RTGS）是英国支付基础设施的核心，并且承担英格兰银行货币和金融稳定的职责。RTGS 提供不同类型的结算模式，支付系统参与者在 RTGS 开设账户实现跨行资金实时全额结算。这些账户大致可以分为准备金账户、结算账户、综合账户和预融资账户等。其中，准备金账户是指不直接参与 RTGS 支付结算的银行、房屋信贷互助会、经纪自营商

* 作者单位：中国人民银行安徽省分行。

① 该系统也是全球最大的大额实时结算系统之一，仅次于美国的 FEDWIRE。用高度自动电子化的信息传递，部分地取代了依靠票据交换的方式，使以伦敦城外的交换银行为付款人的部分交易（1 万英镑以上）也可以实现当天结算。主要用于办理当日大额英镑批发性支付业务。

和某些 FMIs 存放资金的账户；结算账户用于参与中央银行货币支付系统而产生的债务结算；支付系统运营商可以使用综合账户直接参与相关支付系统业务，汇集参与者资金，但其必须持有准备金账户；而预融资账户又称储备抵押账户，其账户资金仅用于在应急情况下的支付结算。

（二）RTGS 的访问框架及机构

RTGS 账户访问框架随着时间推移不断更新。目前，RTGS 访问框架由法律、政策和法规等要素组成（见图 1）。作为 RTGS 和 CHAPS 的运营商，英格兰银行制定并发布了访问 RTGS 账户结算（包括综合账户）和服务的政策。一是直接访问 RTGS。为了在 RTGS 中获得直接访问权限，支付服务提供商（PSPs）需要在英格兰银行开设账户，这些账户有不同的标准，提供不同的服务，取决于参与者类型。二是间接访问 RTGS。通过直接参与者访问 RTGS，这种类型通常为小型支付系统参与者，业务量较小，直接访问成本过高。三是 RTGS 账户类型，英格兰银行提供多种中央银行账户类型，包括为商业银行、房屋信贷互助会、经纪交易商、中央交易对手（CCP）和国际中央证券存管机构（ISCDs）设立的准备金账户，其账户余额按银行利率支付利息。符合条件的参与者可以使用该账户直接参与 RTGS 结算。如果参与者未申请接入 RTGS，准备金账户可以让它们在 RTGS 持

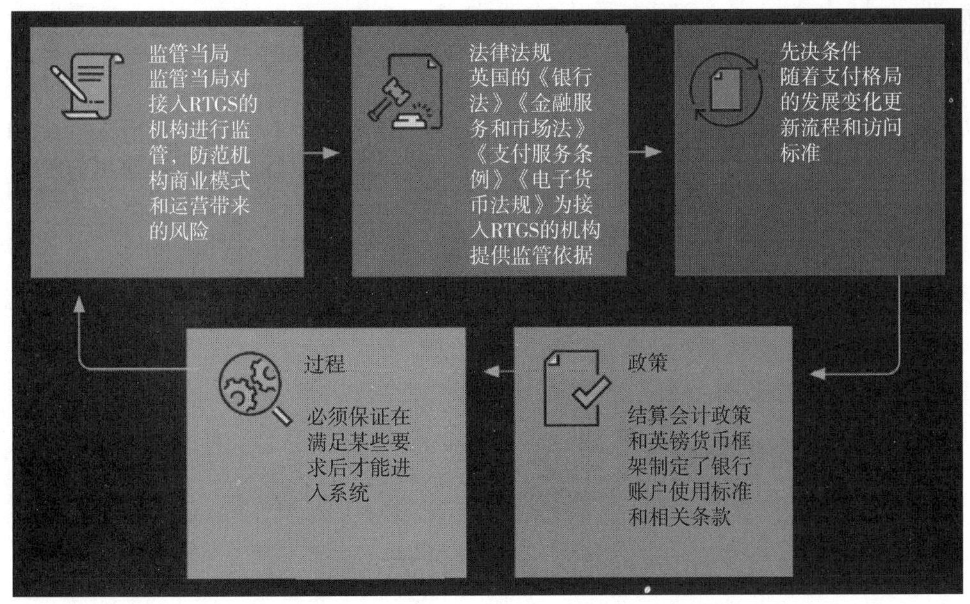

图 1　当前 RTGS 账户的访问框架

有资金，但不能作为直接参与者在 RTGS 结算。四是英格兰银行还向非银行支付服务提供商（NBPSPs）和其他类型 FMIs 提供仅用于结算的账户。自 2021 年以来，英格兰银行还向受监管的支付系统运营商提供综合账户，允许其在 RTGS 汇总参与者资金，以支持系统交易。综合账户是计息的，而纯结算账户不计息；英格兰银行还为 Pay. UK 等支付系统运营商提供结算服务。

二、RTGS 准入政策优化背景及目的

（一）在快速发展的支付环境中维护金融和货币稳定

在确保符合结算账户及服务准入标准基础上，扩大 RTGS 准入范围，增加央行货币结算比例，使有弹性和竞争力的支付公司能够使用 RTGS 进行结算，有利于增强社会公众的信心，降低金融风险，维护金融和货币稳定。同时，允许更多参与者直接接入可以推动支付服务多样化，提升系统弹性。

（二）持续创新 RTGS 服务提升英镑核心竞争力

为更好地满足参与者多样化需求，包括增强的韧性和灵活度、更广泛的接入性、更好的互操作性和用户功能改善等，英格兰银行持续通过创新接入技术，增强英镑的核心竞争力。2017 年以来，多家 NBPSPs 可以通过 RTGS 账户进行结算，区块链支付公司（Fnality）已成为第一个综合账户持有人；CHAPS 直接参与者数量从 2008 年的 15 个增加到 2023 年的 38 个；在未来 RTGS 参与者将大幅增加。

（三）落实 G20 跨境支付路线图的重要举措

改善支付系统的接入是 G20 加强跨境支付路线图的重点举措。而扩大 RTGS 准入政策有助于解决跨境支付中交易链长（见图 2）、融资成本高、传统技术竞争弱等关键摩擦。

三、重点优化领域

（一）规范并强化 NBPSPs 准入 RTGS 的审查程序

1. 准入审查范围。2017 年，英格兰银行开始允许 NBPSPs 接入 RTGS，并由英格兰银行和英国金融行为监管局（FCA）在保障控制、金融犯罪控制治理和监

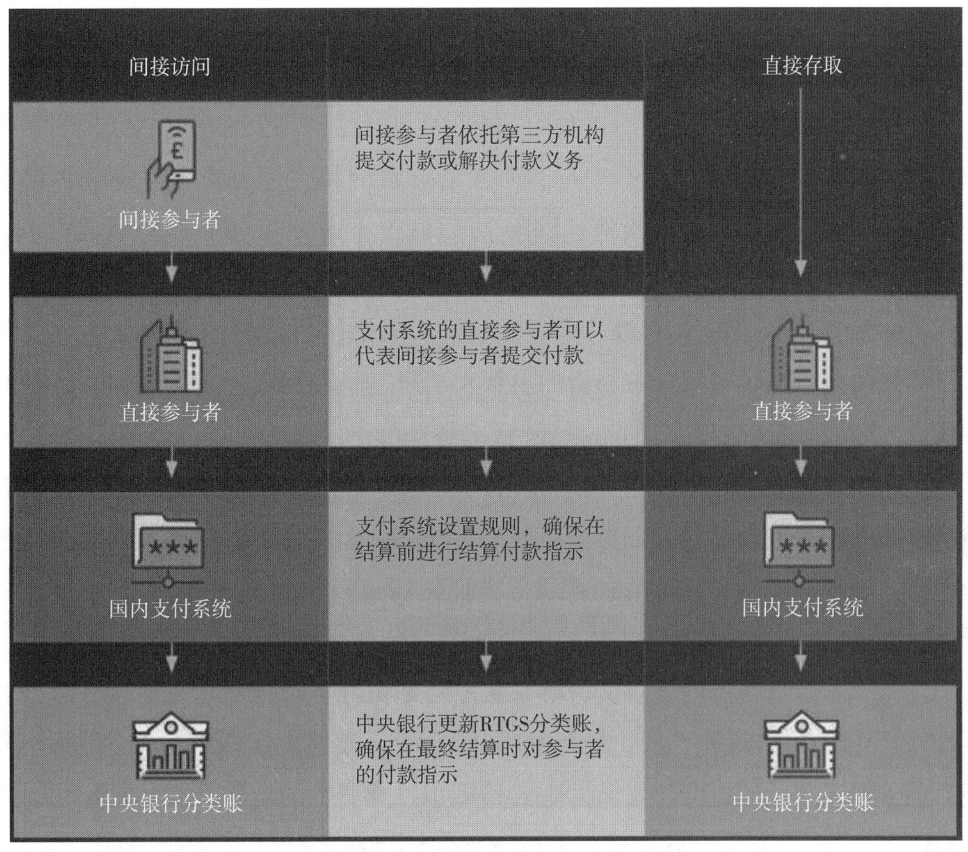

图 2　间接参与者和直接参与者的交易链

督、计算机控制和金融审慎控制等方面对 NBPSPs 进行准入审查。

2. 准入审查流程。先由 FCA 向英格兰银行提供初步监督评估和无异议意见结果，然后申请接入 RTGS 的 NBPSPs 将会接受 FCA 为期 12 个月的强化监督。同时，NBPSPs 还将接受 s166 评估（根据英国《2000 年金融服务与市场法》第 166 条进行审查，也称为技术人员审查），评估内容包括内部控制、风险管理和治理等。若评估中发现任何问题，FCA 将要求 NBPSPs 执行补救计划。

3. 准入优化方向。为便于在早期阶段识别关键风险，提高重点审查效率，英格兰银行联合 FCA 对 2017 年的准入审查和监管流程有效性进行了评估，并提出了优化方向：一是在英格兰银行和 FCA 开展全面监督评估前，任何类型的机构将开展为期 9 个月以上的监管期活动，FCA 具体保留使用该要求的自由裁量权。二是为确保接入 RTGS 的机构从一开始就符合监管要求，在授权 RTGS 访问之前就对其进行 s166 评估。三是强化对接入 RTGS 机构的监督管理，减少 RTGS

参与者迅速增加带来的风险隐患。

（二）明确FMIs准入RTGS的要求

1. FMIs结算方式。英国金融市场基础设施主要包括中央交易对手方（CCPs）、中央证券托管人（CSDs）、证券结算系统和支付系统运营商（万事达卡、Visa和PEXA等）等。目前，FMIs可以通过不同方式获得中央银行货币结算：金融市场基础设施可以在英格兰银行开立RTGS账户进行结算；支付系统运营商，如万事达卡、Visa和PEXA等可以要求英格兰银行充当其结算服务提供商，英格兰银行通过在结算参与者的RTGS账户之间转移资金来实现债务的最终结算。

2. 准入审查标准。英格兰银行制定了对FMIs提供结算服务或授予结算账户访问权限的相关政策标准，如英格兰银行为FMIs开立结算账户时，应对其通过结算账户处理的交易量、价值和性质等方面进行审查，确认FMIs符合结算账户开立标准。

3. 准入要求优化方向。目前，结算账户评估流程的标准化程度有限，英格兰银行对FMIs的评估耗费了大量资源和时间。因此，英格兰银行正在考虑根据不同FMIs特点和英格兰银行监管要求，提出FMIs接入RTGS的具体要求（见表1）。

表1　　FMIs接入RTGS需要满足的具体要求

序号	具体要求	达到预期效果
1	根据《金融市场基础设施原则》要求，其活动应有充分、基础、明确、透明和可强制执行的法律基础，并提供明确的最终解决方案	对其活动有强有力的法律支撑
2	清晰和透明的治理安排和风险管理框架，全面管理法律、信贷、流动性、运营和其他风险	良好的风险管理流程
3	明确管理参与者的规则和程序，使FMIs能够及时采取行动，控制损失和减轻流动性压力	健全的默认规则和程序
4	有识别内外部操作风险来源的相关工具，并能够使用适当的系统、政策、程序控制影响	可靠的操作，避免RTGS中断

（三）调研外资银行接入需求

1. 外资银行接入RTGS现状。近年来，作为英镑货币框架（SMF）参与者的外资银行数量不断增加。外资银行开立RTGS账户应满足是英镑货币框架参与者，以及符合FCA和英国审慎监管局等相关条件（见图3）。目前，有超过50家外资银行拥有准备金账户，但只有少数几家银行拥有可用于结算的准备金账户。这意味着大多数在 RTGS 进行结算的外资银行只能间接参与支付系统，其支付处理和结算效率低下。

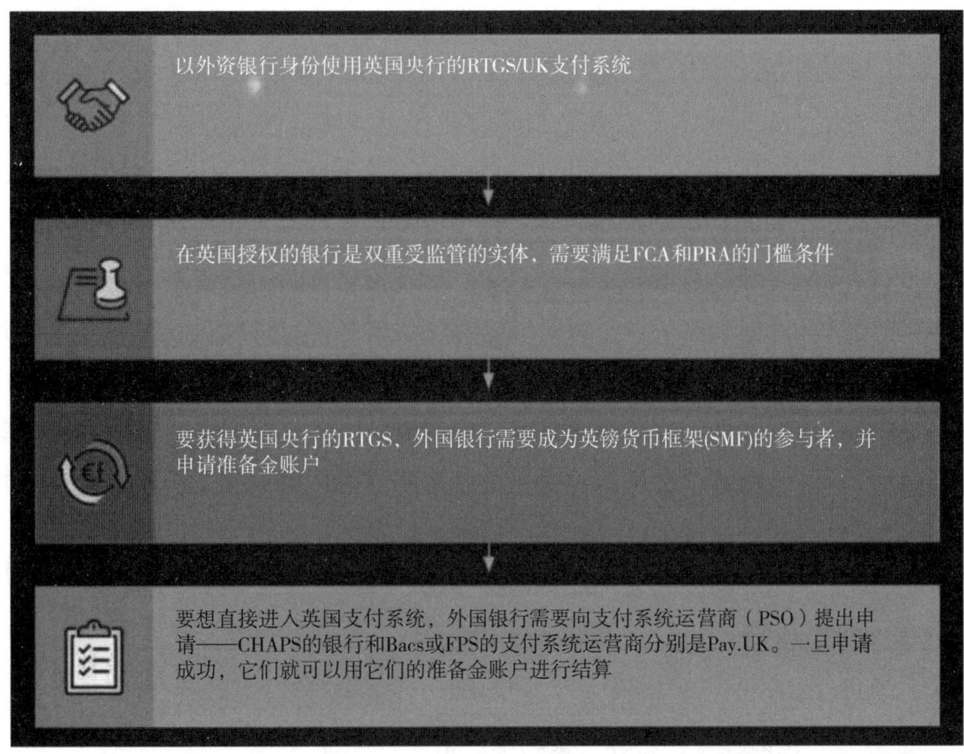

图 3　外资银行接入 RTGS 和英国支付系统的要求

2. 接入需求影响因素。外资银行作为支付系统的直接参与者，能够满足外资银行消除跨境支付摩擦，降低支付系统准入风险等需求。接入需求影响因素主要包括成本及服务预期、技术创新等。一是成本及服务预期，一些规模和支付量较小的外资银行认为，直接进入英国支付系统的成本可能很高，且具体成本项目未知。二是技术创新，随着技术进步，第三方技术公司为 RTGS 提供的技术支撑能够有效降低准入成本，且引入 ISO 20022 标准、更广泛地采用 API 等技术，能提升直接接入 RTGS 效率，改变外资银行直接接入偏好。三是法律咨询等多样化服务。一些代理银行对规模较小外资银行提供的服务不限于支付结算，还包括就多个司法管辖区的监管和立法变化提供指导等咨询服务，这也会影响外资银行的接入需求。

（四）CHAPS 去层级化和降低业务限额

CHAPS 作为英国重要支付系统，具有高度分层的结构，其中，有 38 个直接参与者可以直接访问 CHAPS，这些参与者为其他进行支付结算的公司提供间接访问。支付系统的分级程度会增加信贷、运营和流动性风险，从而影响支付系统和金融市场的平稳运行。长期以来，英格兰银行持续推动 CHAPS 去层级化。2017 年，英格兰银行制定了“使危机干预更容易、降低因业务集中造成的运营风险、降低‘大而不能倒’的挑战、降低银行业的集中度、减少剩余信贷风险、增加竞争和创新”六个去层级化政策目标。

同时，英格兰银行建议降低 CHAPS 的业务限额①。通过扩大对商业信托公司的直接参与，并降低商业信托公司系统集中度、运营和信贷风险以进一步维护金融稳定。虽然降低 CHAPS 业务限额可以对财务和降低集中风险产生积极影响，但它也会增加相应的银行评估风险，以及央行货币结算比例下降而增加的运营和金融风险。因此，英格兰银行正在考虑降低 CHAPS 业务限额需要考虑的好处和风险及在间接参与者超过业务限额时应当审查的因素。

四、启示借鉴

（一）强化国际通用标准和高新技术应用

ISO 20022 标准在全球范围内的广泛采用，将显著降低参与者加入不同支付系统的开发成本和风险，也将增强不同系统间的互联互通。我国在支付系统建设中已广泛应用 ISO 20022 标准，建议在金融基础设施建设中进一步加强 ISO 20022 标准的研究和应用，如在跨境支付业务中采用 ISO 20022 标准并加强与其他国家（地区）的跨境支付互联互通。另外，我国应采用 API 等技术支持不同提供者之间的互操作性，加强大数据、人工智能等高新技术在支付领域的应用，在保障支付系统连续性和安全性的前提下，推动支付系统创新，满足数字化社会未来的需求。

---

① CHAPS 的业务限额为 CHAPS 总业务量的 2%。如果特定间接参与者发送和接收 CHAPS 付款的平均日业务量超过 CHAPS 付款的平均日业务量的 2%，英格兰银行将考虑是否撤销其对 CHAPS 的访问权限，除非相关直接参与者（间接参与者的担保人）向英格兰银行（CHAPS 的运营者）证明有“其他因素”可以充分降低直接参与者和间接参与者之间的风险，如抵押或有多个担保人。

（二）加强支付系统参与者管理

一是加强支付系统准入管理，落实《支付系统参与者监督管理办法》等制度要求，完善优化支付系统参与者接入审查内容及审查流程。强化参与者日常监管及退出管理，切实维护支付清算市场秩序。二是强化支付系统风险管理。完善支付系统治理和风险管理框架，全面加强支付系统流动性风险、运营风险等管理，提高参与者风险防控和运行保障能力。三是加强支付系统业务限额管理，降低支付系统集中度、运营和信贷风险，进一步维护金融稳定。

（三）探索建立和完善沟通交流机制

一是深化与国际清算银行及各国监管机构的交流合作，探讨支付系统监管规则框架制定。二是探索建立和完善中央银行与支付系统参与者、支付系统参与者之间的沟通交流机制，不断提高中央银行支付系统管理服务水平，确保支付系统安全稳定运行。三是加强与非银行支付服务提供商及外资银行沟通交流，加强支付系统准入研究，进一步提升我国支付系统灵活度和更广泛的接入性。

数字英镑的发展进程及对我国数字货币的启示

文/张虎英　王振藩*

摘要：2023 年 2 月，英格兰银行与英国财政部联合发布了中央银行数字货币（CBDC）咨询文件和技术文件，旨在探索数字英镑的高级设计。此次咨询的数字英镑模型设计由央行和私营部门合作提供，央行负责数字英镑的发行和中央基础设施，包括“核心账本”，私营部门通过提供整合了数字英镑作为结算资产的钱包和支付服务，用来联通中央基础设施和用户。2024 年 1 月，英国结合反馈意见公布了一系列管理数字英镑的措施。本文分析了发行数字英镑的原因，总结了数字英镑的发展路径及相关探索，并结合数字英镑的管理措施，提出了对我国未来数字人民币发展的启示。

关键词：数字英镑　数字支付　零售　批发　监管

一、引言

自 2020 年以来，英格兰银行和英国财政部一直在研究数字英镑的问题。2020 年 3 月，英格兰银行发表了一篇关于 CBDC 的讨论论文。2021 年年中至 2022 年底是数字英镑项目的第一阶段，重点是研究和探索。

2023 年 2 月 7 日，英格兰银行和英国财政部发布了 CBDC 咨询文件和技术文件，开始了为期四个月的数字英镑咨询进程，考虑是否由英格兰银行发行数字货币，以应对现金使用量不断下降的情况，这标志着数字英镑项目进入了第二阶段——设计阶段。数字英镑的发行，将对金融部门和整个经济产生重大影响。英

* 作者单位：中国人民银行陇南市分行。

格兰银行强调，尽管目前尚未决定继续进行 CBDC 的开发，但应加强筹备工作，如果要实施数字英镑，则最有可能在 21 世纪 20 年代后半期推出。区别于比特币等高度投机性的加密资产，数字英镑是一种安全、可靠的货币形式，供家庭和企业用于日常支付。

2024 年 1 月 24 日，《对英格兰银行和财政部咨询文件的回应》发布，共计收到来自公众、企业、民间社会和学术界的 50000 多份回复，显示出公众对数字英镑的广泛兴趣，本次咨询反馈对数字英镑设计阶段的进一步工作具有重要意义。

二、英格兰银行开发数字英镑的原因分析

英格兰银行通过对当前公众使用资金支付方式的趋势、新兴数字技术的潜力及确保创新和竞争能够蓬勃发展而不危及公众使用资金的安全性和统一性所需的公共政策反应等因素的分析，基于现金支付进一步下降和数字化支付进一步发展的现状，以及对英国当局如何解决上述发展带来的问题的思考，得出未来可能需要数字英镑的评估。

（一）现金支付的进一步下降

由于技术的变革和日益复杂的经济体需求的不断变化，货币的形式和使用方式不断发生改变。目前，英国公众可以使用由英格兰银行和皇家铸币局向公众发行的纸币和硬币这两种现金货币，私人商业银行主要以银行账户电子转账的形式发行数字货币。在 20 世纪 60 年代中期，大多数工人每周都能获得现金报酬，大约 70% 的人没有银行账户，使用信用卡或借记卡的人也很少，因此，人们每持有 100 英镑资金，就有超过三分之一是现金。而如今，只有不到 5% 的人持有现金。数据显示，2021 年，只有 15% 的交易涉及现金货币，非接触式支付使公众在日常生活中更多地选择使用借记卡和信用卡进行交易，而互联网商业的发展加大了公众对数字货币的需求。

（二）数字支付的进一步发展

目前，已经有新的数字技术被应用于货币类债务的数字表示、转移和存储，并为配置货币和支付与数字流程交互提供了新的可能性。例如，可编程货币可以实现智能合约的开发，该合约基于预定义的动作和条件执行特定动作。此外，货

币和支付不再是银行的专属领域，新的非银行参与者已经成功提供了创新的支付服务。展望未来，许多非银行支付公司，包括大型科技公司和一些加密货币领域的参与者，对这些新技术在货币和支付方面的可能性越来越感兴趣。

（三）有助于保证央行货币的锚定功能

就现金的减少而言，当下的应对措施是确保任何想使用现金的人都能得到现金。英格兰银行已明确表示将继续发行现金，政府正在根据《金融服务和市场法案》赋予英格兰银行和金融行为监管局（FCA）新的权力，以确保现金生态系统未来的有效性、弹性和可持续性。事实上，国家现在发行的用于一般用途的现金货币，对大多数人的影响越来越小，逐渐变得不是那么有用和可用，不过未来有可能出现新形式的货币，由新的和成熟的参与者进行发行。对于英格兰银行来说，关键是如何继续确保英国使用的包括公开发行的央行货币在内的所有货币都以英镑计价，而且保证货币安全、按需互换及不损失其价值。未来支付和货币的发展将使英国可能需要一个由英格兰银行发行的数字英镑，来执行货币的锚定功能。

（四）有助于提高货币支付的效率

私人货币发行的未来发展可能倾向于少数公司占据重要的市场份额，而这些主要发行者可能会创建“围墙花园”，即无法完全实现互操作性的支付系统，或者限制小型公司使用其发行的货币支付服务。由英格兰银行发行的数字英镑将提供另一种公共数字货币——一个开放的平台，所有新的数字支付服务开发商都可以使用。如果设计得当，数字英镑可以补充和支持新形式的私人数字货币和支付服务，通过建立所有人都可以使用的技术标准，确保不同平台之间的互操作性，有助于确保竞争和创新，提高支付效率，未来在新技术和提供新功能的新的支付市场参与者的促使下，通过创新进一步实现更快、更便宜的支付。

（五）有助于改善英国现有支付环境

数字英镑一方面可以补充现有的金融包容性举措，例如，如果它能够提供离线支付，那么在国际合作下，可能会为改善跨境支付提供机会。另一方面通过提供一个具有高弹性的替代支付轨道，来加强英国支付系统的整体弹性。

三、可能开发的数字英镑模型重要细节简介

数字英镑可以视为是由央行和私营部门合作的产物。央行提供数字英镑和中

央基础设施，包括“核心账本”；私营部门通过提供整合了数字英镑作为结算资产的钱包和支付服务，联通中央基础设施和用户。钱包将在“直通”的基础上运行，换言之，它们不会像银行账户是对银行的负债一样构成对钱包提供商的负债，也不需要钱包提供商保管，相反，所有的数字英镑都存放在英格兰银行的中央分类账上，钱包只保存所有与客户相关的信息，并将客户指令“传递”给英格兰银行的基础设施。

数字英镑拥有与银行账户、借记卡或支票相同（或更强）的隐私保护，无论是政府还是央行都不知道个人的详细信息和交易记录，只有私人钱包提供商知晓。通过这种方式，数字英镑可以提供隐私保护，防止欺诈和金融犯罪，它不会像现金一样是一种匿名的无记名支付工具，不过需要实物现金的人的需求仍能被满足。政府和银行都不会对数字英镑进行编程或限制其使用的方式，反而英格兰银行会为私营部门提供基础设施和最低功能，并为用户提供本人授权后的可编程功能。

数字英镑不会支付利息，它的目的是作为一种交易手段，进行支付和接收款项，而不是作为一种储蓄产品，同样它也不是一种货币政策工具，而是与实物现金一样，既没有正面报酬，也没有负面报酬。英格兰银行建议，为了管理金融风险，对个人或企业持有的数字英镑金额应加以限制，将个人限额设置在 1 万～2 万英镑，作为管理风险和支持数字英镑广泛可用性之间的适当平衡措施。

四、数字支付环境中的数字英镑

（一）金融交易的“代币化”设计

零售数字英镑如何与批发 CBDC、私营部门发行的数字货币及其他司法管辖区发行的数字货币并存需要考虑，而且批发 CBDC 对于银行而言，不单纯是“零售或批发”的问题。英格兰银行正在这两个领域开展大量工作，包括通过更新目前用于以央行储备形式向商业银行提供资金的数字基础设施。

批发市场与零售市场有所区别，设计用于日常使用的数字英镑可能不适合批发市场。英格兰银行认为，对于此类市场，还有其他途径可以更快、更有效地允许央行货币被新形式的数字表示，即“代币化”，用于金融交易。现在，包括英格兰银行在内的中央银行和私营部门在这方面进行了大量试验，特别是已经获得央行数字货币形式的大型金融公司，在央行货币（包括货币之间）的代币化和转移中发挥了更大作用，其他试验正在测试 CBDC 系统网络用于跨境批发交易的可行性。

（二）批发市场数字结算的创新形式

央行特别关注如何利用正在构建的新全额实时结算系统（RTGS），正在研究能够更容易连接到 RTGS 服务的功能，包括更广泛的 API、更高的可用性、接近 7×24 小时的运行及 RTGS 与其他分类账（包括使用分布式分类账技术和资产标记化的分类账）的同步。与此同时，英格兰银行正在与 FCA 和英国财政部合作建立一个沙盒，以探索批发市场数字结算的创新形式，另外还积极参与国际清算银行创新中心的工作，包括通过伦敦中心进行试验，以研究改善结算的潜力。这些工作将随着零售数字英镑的下一阶段发展同步进行，预计这一阶段的大部分技术工作将为央行在批发市场未来数字化方面的工作提供有价值的见解。

（三）数字货币的互操作性建设

数字英镑的进一步发展也有利于银行在私营部门稳定币方面的工作。《金融服务和市场法案》（2023 年）赋予英格兰银行监管在英国系统性支付系统中使用稳定币的权力，与批发 CBDC 一样，这不是拥有英格兰银行发行的数字英镑或私营部门公司发行的私人稳定币的问题，在未来的支付领域中，私营部门可能会有发行稳定币的机会，其监管标准与英格兰银行监管私营部门发行的其他形式货币的标准相同，未来这些货币可以与数字英镑以及商业银行的货币和现金一起运作。数字英镑可以充当不同类型私人发行数字货币之间的桥梁资产，并建立互操作性标准，要求私人发行的数字货币与 CBDC 平价按需进行兑换，有助于确保英国货币的互换性和统一性。

全球许多央行正在探索发行一种用于零售和批发目的的 CBDC，在这一领域开展国际合作有巨大的机会和需求，国家和地区 CBDC 之间的互操作性可以通过减少跨境支付的成本和摩擦带来巨大的好处。但同时，还有更广泛的宏观经济和地缘政治问题需要考虑，英格兰银行正通过国际清算银行支付与市场基础设施委员会（CPMI）、G7、G20 和 FSB 及与少数发达经济体央行的密切合作，与国际同行积极合作解决这些问题。

五、数字英镑的咨询反馈及相关措施

从咨询反馈来看，受访者在隐私和数据保护、未来政府对资金的控制及保障现金使用权利等方面表达了担忧。英格兰银行和英国财政部意识到在这些问题上公众的强烈感受及建立公众对数字英镑信任的必要性，承诺采取以下四个方面的管理措施以保障用户隐私和控制权。

（一）决策和议会的作用

议会在审查英格兰银行和英国财政部数字英镑工作方面发挥着核心作用。2023 年 5 月，英国财政部承诺在推出数字英镑之前会在议会两院引入主要立法。议会审查是评估数字英镑案例的重要部分，如果决定继续推进，议会将有机会在主要立法通过期间对数字英镑的设计和监管框架进行投票。在设计阶段，英格兰银行和英国财政部将继续与议会合作。同时，主要立法出台前，将进行进一步的公众咨询。

（二）隐私和数据保护

咨询文件规定数字英镑将遵守严格的隐私和数据保护标准，与当前形式的数字货币（如商业银行账户中的资金或电子货币）一样具有私密性。鉴于支持打击金融犯罪的执法需要，数字英镑不会匿名，但用于此目的的个人数据将由支付接口提供商（PIP）持有，银行和政府均无权访问。所有在数字英镑系统内处理个人数据的公司都将受到严格的监管，并必须遵守英国数据保护法，如英国通用数据保护条例（GDPR）。受访者非常同意银行和政府都不应获取个人数据的提议，但担心这项规定不会得到充分执行。

英格兰银行和英国财政部承诺：银行和政府不会通过银行的核心基础设施访问用户的个人数据，政府为数字英镑出台的立法将保护用户的隐私；央行致力于探索技术方案，以防止该行通过其核心基础设施访问任何个人数据；在设计阶段成立一个专门处理隐私问题的工作组，公开征集信息，以确保工作组有多元化的个人和组织代表。

（三）可编程性和用户对资金的控制

数字英镑的目的是在日益数字化的支付环境中为公众提供获取央行资金的额外手段，并不会以牺牲用户对其支出的控制为代价。用户可以控制是否使用数字英镑及如何使用它们，PIP 只能在用户同意的情况下对数字英镑支付进行编程，并受到严格的监管框架约束。

英格兰银行和英国财政部承诺：政府为数字英镑出台的立法将保证银行和政府不会对用户的数字英镑进行编程；在设计阶段，英格兰银行和英国财政部将探索央行或政府发起的针对可编程性的进一步技术保障措施，包括确保任何监管制度都符合未来技术发展的步伐的措施。

（四）保障现金使用权

保护和保留公众获取现金的权利对央行和政府来说非常重要，央行致力于继续为那些想要使用现金的人提供现金，数字英镑的设计将使其成为由现金和数字支付组成的多元化支付格局的一部分。政府继续采取果断行动，依法保障现金获取，如通过《2021 年金融服务法》，政府立法允许无须购买即可获得现金返还；2023 年《金融服务和市场法案》（FSMA 2023）出台，政府立法保护现金的使用权（见图 1）。

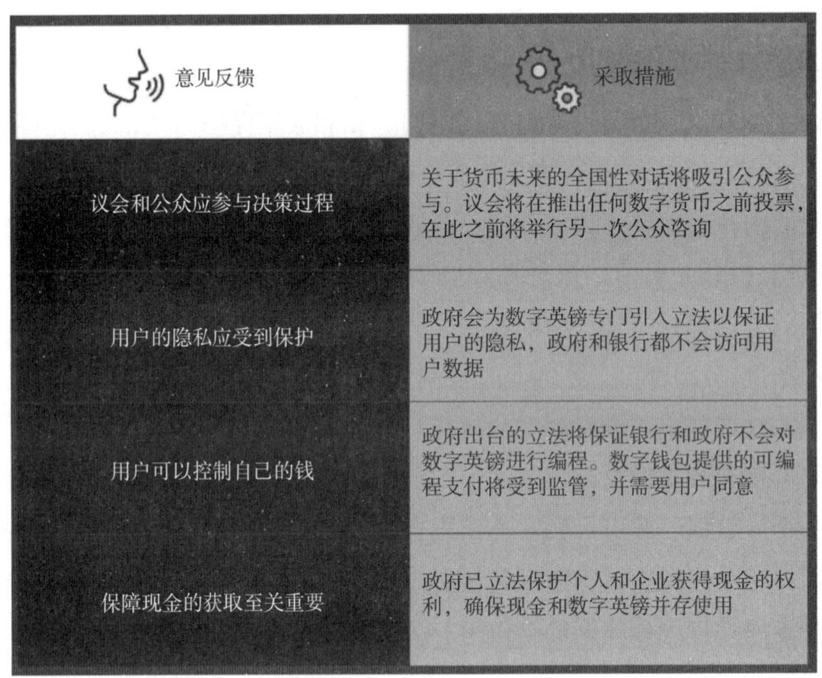

图 1　受访者意见反馈及银行和政府的应对措施

六、对我国发展数字人民币的启示

我国央行数字货币虽然取得了很大的突破，但在内部仍存在立法不完善、监管相对滞后、技术创新带来不确定性风险及数字人民币钱包的匿名特性可能会导致洗钱风险等问题，在外部也面临国际合作不足及与各国央行数字化货币之间的激烈竞争。借鉴数字英镑的发展思路，结合我国数字人民币发展情况，在制度、法律、技术、国际合作等方面提出对我国数字货币发展的建议和启示。

（一）完善数字货币法律制度框架

首先是尽快修订《中华人民共和国中国人民银行法》等金融基本法，明确数字货币与纸币、硬币等实物货币具有同等法律地位，巩固数字人民币的法偿性；其次是结合央行数字货币的技术和特点，研究出台数字人民币相关法规及配套政策，填补数字人民币的监管空白和模糊地带，为数字人民币的发行和流通管理提供明确的制度保障；最后是制定和完善数字人民币管理的规范性文件和具体操作细则等，明确市场准入条件和要求，加强对数字货币领域的反洗钱、反电诈和恐怖融资等的监管，为数字人民币有序发展保驾护航。

（二）建立数字人民币监管新模式

监管机构应当革新以往“被动式”监管的思路，建立全新的、先进的监管理念。一是针对数字人民币交易、运营和流通管理等方面的特点，构建以金融监管总局为主、其他监管机构协同的立体监管模式，实施全方位监管，避免监管交叉和监管缺位。二是强化监管科技手段，树立数据驱动意识，利用大数据、云计算等新兴技术，丰富获取监管数据的途径，提升跨市场、跨行业交叉性金融风险的识别、防范和化解能力。三是推广“监管沙盒”模式，在风险可控的前提下，监管机构应当允许数字货币小范围的“越界创新”。

（三）加强国际数字货币研发合作

我国应主动与世界各国（地区）保持沟通和联系，运用好国际货币基金组织、国际清算银行等重要国际金融组织机构和政策平台，积极参与国际数字货币（金融）领域基础设施构建和规则标准的制定，与发达国家就 CBDC 的原则和标准交换意见，求同存异、合作共赢。同时分享数字钱包、身份认证、加密传输等金融基础设施建设的中国经验，与主要国家合作建立 CBDC 系统的互操作性，实现中国与主要国家数字货币金融基础设施的互联互通，提高我国数字人民币在跨境支付中的货币地位。

（四）构建以数字人民币为核心的跨境支付体系

我国应充分利用数字货币、数字金融领域技术成果建设和融合 CIPS 在内的人民币跨境支付结算体系，对冲和缓释当前以美元为主导的国际支付清算体系对人民币跨境支付结算带来的挑战。依托“一带一路”建设，统筹谋划利用数字人民币支付结算系统将人民币打造成共建“一带一路”国家双边和多边贸易支付结算的主要可选货币，促进国际金融、国际贸易中支付、清算和结算工具的多样化，规避相关外汇及政策风险，规划和构建以数字人民币为基础和核心的跨境支付体系，提升人民币国际化发展水平。

参考文献

［1］ Bank of England. The digital pound – speech by Jon Cunliffe ［EB/OL］.（2023 – 02 – 07）［2024 – 09 – 01］. https：//www. bankofengland. co. uk/speech.

［2］ Official documents. Response to the Bank of England and HM Treasury Consultation Paper：The digital pound：a new form of money for households and businesses ［EB/OL］.（2024 – 01 – 24）［2024 – 09 – 01］. https：//www. gov. uk/official – documents.

［3］ 黄国平. 数字人民币发展的动因、机遇与挑战［J］. 新疆师范大学学报（哲学社会科学版），2022，43（1）：129 – 138，2.

中央清算和系统性流动性风险相关研究及启示

文/杨德秀 刘锦钰*

摘要：2023 年 10 月，国际中央银行期刊（IJCB）发布文章《中央清算和系统性流动性风险》，指出中央清算的潜在风险是中央对手方（CCP）可能对银行体系造成巨大的流动性压力；考虑到这种顺周期流动性风险，通过研究整个系统的潜在流动性需求，改善 CCP、G－SIB 和其他参与者的准备情况，讨论宏观审慎流动性压力测试的潜力；将 CCP 的“定量披露”数据与市场波动数据相结合，证明清算和市场波动之间具有相关性，认为以流动性为重点的宏观审慎压力测试有助于评估和管理由 CCP 造成的系统性流动性风险。本文对上述内容进行了梳理，并结合国内实际就 CCP 风险管控及系统性风险防范提出相关建议。

关键词：中央对手方　中央清算　流动性风险　压力测试　启示

一、在 2008 年国际金融危机期间，CCP 发挥抵御违约的缓冲作用

CCP 在美国的发展是为应对国际金融危机、处置交易对手风险，其基本功能是改变交易对手的风险敞口。交易对手风险集中在 CCP，CCP 在清算会员违约时收购违约会员的头寸面临或有市场风险。因此，CCP 必须采取措施使自己恢复到账面匹配和市场风险平稳的状态。

* 作者单位：中国人民银行武威市分行。

（一）场外衍生品中央清算授权的设立推动交易所交易和场外衍生品清算量进一步增加

中央清算的部分增长可能反映出危机后人们对 CCP 风险缓解功能的日益重视，也可能反映出市场正在远离更具各国特质和定制的交易。已清算的利率掉期从 2012 年的约 50% 跃升至 2014 年的近 75%，这与强制生效的时间一致。

（二）双边保证金要求为中央清算提供了更多支持

FSB 发现，在实施双边保证金要求后，场外衍生品清算在名义清算方面显著加速，即使对于不需要中央清算的交易也是如此。这些发展有助于建立更具弹性的金融体系。

二、CCP 运作和风险管理的基础知识

（一）CCP 风险管理内容

通常包括会员资格要求、风险敞口净额结算、保证金要求、共同金融资源及违约管理程序。除了信用风险管理外，CCP 还管理流动性风险，并拥有多种工具以满足流动性需求。

（二）CCP 风险管理要素

CCP 风险管理中最重要的两个要素，即保证金和共同金融资源，它们代表 CCP 持有的预融资资源。这两种资源对于管理和减轻 CCP 的或有风险敞口至关重要，并且是 CCP 资源需求顺周期性的两个主要驱动因素。

1. 保证金。保证金是 CCP 风险管理的重要组成部分。可分为 VM（变动保证金）和 IM（初始保证金）。VM 解决的是如何消除 CCP 当前的风险，而 IM 解决的是如何覆盖未来潜在的风险。VM 是 CCP 以现金方式收取和支付每个成员的投资组合所经历的每日价值变化。投资组合的价值变化在一天结束时是负的，清算会员必须向 CCP 支付这笔款项。如果清算会员未能在规定的时间内为自己或其客户支付 VM，CCP 很可能会宣布清算会员违约。VM 要求至少每天有效地测试每个清算会员的表现，这在某种意义上将清算会员与原始交易对手面临的信用风险转化为对 CCP 的流动性风险。IM 是清算会员从最后一次支付 VM 到投资组合，在违约情况下被清算的潜在未来风险敞口。清算会员或客户向 CCP 支付的融资

抵押品，以减轻清算会员未来因交易价值可能发生变化而对清算会员的潜在风险敞口。IM 既包括违约期间未支付被 VM 覆盖的损失，也包括平仓期间可能实现的头寸额外损失。

2. 共同金融资源。为了弥补违约时超出保证金的潜在损失，CCP 要求清算会员提供足以在各种极端但可能的压力情景下满足特定覆盖目标的共同金融资源。共同金融资源的规模使得 CCP 有足够的财力资源弥补任何一个或任何一对清算会员在资源紧张的市场条件下的违约。为了弥补违约带来的任何损失，CCP 将按规定顺序使用预先融资的资源，通常称为 CCP“瀑布”。违约者的保证金首先吸收损失，当保证金用尽，则使用违约方提供的额外资源，如其对违约基金的缴款。如果违约者的资源耗尽，在将损失分配给幸存的清算会员之前，CCP 通常会动用自己的一部分资本（称为风险共担）来弥补剩余损失。共同金融资源将用于弥补任何剩余损失。CCP 必须制定明确的规则和程序来解决如何分配潜在的未覆盖信用损失。它们还可能拥有额外的规定评估权力，以向非违约成员寻求更多资源。

三、CCP 风险管理在金融压力时期从金融体系其他部分提取流动性的各种方式

（一）潜在的顺周期资源需求

1. 潜在的顺周期资源需求种类。CCP 的风险管控可能会影响到其他金融机构，这些金融机构有望满足一项或多项资源需求，特别是如果 CCP 的资源需求是在金融压力加剧时出现的。这些要求包括：（1）变动保证金；（2）初始保证金；（3）结算要求；（4）拖欠基金缴款和摊款；（5）信贷额度和其他流动性安排；（6）在违约情况下吸收会员及其客户头寸的资本和流动性。

2. 资源需求获得方式。对资源的需求可以采取 VM 和 IM 催缴、违约资金评估、流动性额度提取、与违约会员相关的头寸转移以及其他义务的形式。这种流动性风险跨越银行和融资市场，由于相互关联而产生风险。

3. 大型 CCP 集中且相互关联，且在市场压力下相互关联性会增加。CCP 的规模和其清算的产品范围都在扩大，并且个别具有系统重要性的银行往往会参与多个 CCP，以进入不同司法管辖区的不同市场。许多大型金融机构还向 CCP 提供其他服务，例如，结算和投资服务及信贷额度。由于清算是通过少数 CCP 进行

的，任何一个 CCP 使用的模型和规则都可能对大量市场参与者产生重大影响。CCP 的大部分活动都集中在少数大型成员手中。

从系统性风险的角度看，在减少交易对手信用风险与潜在增加相互关联的流动性需求之间进行权衡，预计将降低系统性风险。一个大型 CCP 的失败将对全球金融体系造成毁灭性的打击；伴随而来的可能是金融市场的大规模混乱及许多其他具有系统重要性的机构的严重困境或倒闭。从金融稳定的角度看，CCP 必须保持一定规模的金融资源来弥补各种压力情况下的潜在损失。实现这一目标的一种假设方法是，CCP 始终持有大量安全且流动的资产，这种方法会占用账户中的流动性和抵押品，而这些流动性和抵押品在大多数情况下会远远超过 CCP 可能遭受的损失。此外，持续将大量资产存放在 CCP 的要求也会给清算会员带来成本，促使银行及其客户将活动转移到未清算头寸或完全退出头寸，这可能导致对冲活动减少和整体市场流动性减少。CCP 在平静时期持有相对较少量的流动性资源，并在金融市场剧烈波动时（当其市场和交易对手风险增加时）增加这些资源。这种增长表明了 CCP 资源需求的顺周期性。

（二）顺周期性资源需求分析

1. 变动保证金。

（1）VM 调用的大小本质上是不可预测的。为了满足 VM 调用，清算会员必须在短时间内（通常只需一小时）向 CCP 付款，并且这些付款通常以现金支付。此外，虽然代表客户进行清算的清算会员会通过 VM 调用来处理客户头寸，但这种传递存在滞后性，有时要到第二天才会发生，并且清算会员本身有责任确保向客户提供适当数量的保证金弥补客户的损失。清算会员及其客户期望每天赚取（或接收）VM，然而由于它们反映了资产价格的变化，因此 VM 调用的大小本质上是不可预测的。

（2）即使在金融机构没有面临巨大压力的时候，由于波动性激增而导致的 VM 调用也可能会造成负担。例如，在 2016 年第二季度的高峰日，支付给伦敦清算所（LCH）的 VM 总额为 160 亿美元，而日均金额约为 30 亿美元。LCH 与其他 4 家 CCP 在交易后的两天内要求筹集 270 亿美元公投，尽管后期 LCH 的需求量要大得多，但英国脱欧造成的峰值需求远高于新冠疫情期间升高的平均需求。

（3）资金转移可能会给融资市场带来额外压力。在压力时期，支付链可能会发生中断和延迟，阻止流动资产及时流向接收者。

（4）极端情况也可能导致清算会员无法收到全部的 VM。如果 CCP 的资源因清算会员违约而耗尽，一些 CCP 会选择通过“削减”其支付的 VM 来管理流动性，在这种情况下，CCP 将暂时吸收其在亏损头寸上收到的部分 VM。还有一些 CCP 可能会以证券抵押品而非现金的方式支付 VM，从而将流动性转换的负担转嫁给成员。

2. 初始保证金。IM 与市场波动率存在明显的正相关关系，在实际波动率和隐含波动率较高的时期往往会增加。在市场压力时期，即使保证金要求不变，也需要提供额外的抵押品。这是因为在市场压力时期，需要的 IM 数量可能会增加。根据量化披露数据，大约一半的 IM 是证券而非现金，并且这些证券会波动。由于 IM 模型在某种程度上具有风险敏感性和顺周期性，与市场波动相关的折价上升和市场价值下降可能会导致折价发生变化。

3. 清算要求。集中清算证券产生的流动性需求需要与 VM 和 IM 的流动性需求相结合，以评估整个清算系统的弹性。市场波动通常也与交易活动增加有关，交易活动的增加直接产生证券 CCP 结算交易的流动性需求。由于清算证券所需的现金直接对应于证券交易的全部价值，由此产生的流动性需求具有顺周期性。因此，投资组合估值可能会发生变化，因为价格和头寸都会波动。

4. 违约基金缴款和评估。违约基金缴款和评估是 CCP 除 VM 和 IM 外调用的另一种资源获取方式，尤其是在财务压力时期。目前，违约基金的压力测试情景具有滞后性，导致违约基金评估的变化不能真实反映风险点，在金融市场中，加剧了系统性风险。

获取违约基金缴款的三种情形。一是月内呼吁缴款，以应对感知到的风险变化。通常，CCP 每月征收违约基金评估，以反映任何特定月份内发生的市场状况和集中度的变化。但在市场压力时期，市场波动突然变化后，可能会发出月内违约基金通知。二是当清算会员违约并且该会员的 IM 和自己的违约基金贡献不足以覆盖其头寸的清算价值时。补充违约基金的义务是顺周期性的一个来源，因为在市场压力时期，当必要的资本可能稀缺时，违约的可能性和已实现违约的潜在影响都会增加（前提是清算会员默认规模大到足以破坏共同违约资源的情况相当罕见）。从特定清算会员的角度来看，无论相关调用的频率或规模如何，VM 和 IM 调用相对于额外共同违约基金资源的调用所带来的风险是有区别的。原因是，前两者完全与给定清算会员（CM）带来清算所的投资组合有关，而后者在某种程度上取决于其他CM带来的投资组合，而这些投资组合不在给定CM的直接控制范围内。三是动用无资金承诺。如果CCP的模型不准确，或者违约头寸的清算极具挑战性，那么一两个成员违约也可能耗尽预先注资的资源。发生这些违约的环境将与非常高的市场压力和流动性需求有关，并可能使清算会员履行付款义务的能力受限。只有在3个以上会员同时违约且没有足够保证金弥补与其头寸相关的损失的情况下，CCP才需要动用无资金承诺。

5. 流动性供给。CCP与许多大型银行（指资产超过2500亿美元的国内银行）保持流动性安排。这些安排包括承诺信贷额度、回购便利和外汇互换协议。大型银行往往是多个CCP的成员，并向每个CCP提供流动性服务，向整个CCP系统提供的这些服务往往会集中。从2018年开始，由于CCP努力改善其流动性获取渠道，且银行减少了现金持有量，承诺的信贷额度和回购安排的重要性相对于现金持有量而言有所上升。

6. 吸收违约会员头寸[①]可能影响流动性。一是吸收违约会员头寸也需要银行流动性。因为它需要向CCP违约基金提供额外的资金，并预留额外的流动性缓冲，以满足未来的追加保证金要求。即使不具有约束力，银行吸收头寸的意愿也可能会被流动性比率所影响，这将反映在其对违约投资组合的估值中。二是吸收额外业务给清算会员带来额外的负担。当流动性飙升时，会员吸收另一会员头寸的能力迅速上升，此时违约的可能性和客户头寸转移的可能性增加。

（三）CCP资源规模和激励措施对流动性的影响

1. CCP的顺周期性或可导致系统性流动性短缺。过去几年CCP对流动性资源的需求相对于市场参与者的资本和流动性缓冲来说在数量上很大，并且在未来的时期内可能会更大。由于金融机构资产负债表面临压力，CCP的顺周期性可能会导致系统性流动性短缺。

2. CCP的自由裁量权使得激励措施变得尤为重要。CCP在其资源调用的范围和时间方面保留一定的自由裁量权，至少在一段时间内，它们可以规避规则。此外，无法保证CCP所有者利益与金融稳定程度保持一致。一些CCP由其成员或

---

① 如果清算会员违约，其余清算会员还可能承担其他义务。特别是，它们可能会获得违约会员的部分或全部头寸，也可能对违约会员客户的头寸负责。根据CCP的规则，幸存的清算会员可能有义务参与拍卖。此外，违约会员客户的头寸必须转移给剩余的清算会员或被清算。许多间接清算的市场参与者都与一个或多个直接清算会员建立了备用关系，以便在主要清算机构违约时激活这些关系。

交易所所有，而另一些则由上市公司所有。这些所有者行使自由裁量权的能力使得考虑 CCP 在压力情况下可能面临的激励措施非常重要。

四、流动性压力测试在 CCP 和宏观层面的作用

（一）微观压力测试的弊端

对每个 CCP 特定流动性需求的微观压力测试无法衡量市场压力情形下整个金融体系可能出现的流动性需求。一是因为特定的支付义务在各个 CCP 内是孤立的，但可用于进行此类支付的资源超出了 CCP 的边界。由此产生的相互依赖性对于单个 CCP 来说很难厘清、评估和压力测试。二是由于清算会员提供的预融资资源总量与其作为流动性保障提供的总资源量之间存在正相关关系。这意味着一些大型清算会员通常将此类信贷额度提供给多个 CCP。各个 CCP 不一定了解其清算会员对其他 CCP 所承担的义务。大型清算会员的违约可能会导致多个 CCP 同时违约，从而导致多个 CCP 激活流动性关系。各个 CCP 的压力测试无法捕捉到这种相互依赖性。

（二）宏观压力测试是对微观压力测试的补充

跨多个 CCP 进行协调一致的宏观审慎监管压力测试可以补充各个 CCP 进行的微观压力测试。宏观审慎监管压力测试与 CCP 自身的微观压力测试不同，微观压力测试仅着眼于它们自身的弹性，而宏观审慎监管压力测试则能够评估参与的 CCP 对更广泛的金融体系产生的集体影响，评估结果将向监管机构和参与者通报潜在的流动性需求，有望避免系统性流动性风险囤积。

（三）宏观审慎压力测试的原理

一是测试的设计方式与国际清算银行支付与市场基础设施委员会—国际证监会组织（CPMI - IOSCO）在 2017 年发布的国际监管压力测试框架一致，但在此基础上更注重明确呼吁强调流动性需求并关注对系统的整体影响。二是此类测试可能需要迭代默认值来追踪压力通过流动性需求和供应网络传播的可能性。这种迭代与银行监管压力测试不同。三是在分析中纳入证券 CCP，将扩展商品期货交易委员会（CFTC）最近对其监管的 CCP 进行的监管压力测试，这是因为，证券 CCP 需要大量流动性才能实现清算。

（四）CCP的宏观审慎压力测试与更成熟的银行压力测试相结合会发挥更大效益

因为CCP的宏观审慎压力测试可能不足以完全确定与其相互关联性相关的风险范围，而银行压力测试通常忽略了银行对CCP的大量风险敞口。故这种综合方法超出了CPMI－IOSCO的CCP框架，将发挥更大的作用。

五、对我国的启示

（一）重点关注CCP的流动性

有关当局在对CCP开展宏观审慎压力测试时应将流动性作为重点，评估参与的CCP对整个金融体系产生的整体影响；平衡好交易对手信用风险与流动性需求之间的关系，进而降低系统性风险；要求CCP持有一定规模的金融资源，以应对不同压力情景下的潜在损失，提高市场流动性。

（二）建立健全中央对手方机制

完善法律保障和风险管理安排，制定潜在未覆盖损失的分配规则，加强对CCP风险的有效控制；推行匿名交易，隐匿参与者的交易意向和策略，缓解市场波动；根据银行信贷规模，限制大型银行可同时参与多个CCP的数量，避免因作为清算会员的大型银行违约导致的多个CCP同时违约，进而产生更广泛的系统性风险。

（三）加强CCP的监管

一方面，监管机构应明确监管职权、规则和框架，提高监管的有效性和透明度；另一方面，加强国内外合作，积极参与国际监管组织和论坛，尽可能与国际金融市场互联互通，建立风险管控更加完善的国际合作监管体系，以防范系统性风险。

经验交流

基于图模型的支付系统全链路风险监测研究

文/崔宏亮　李　鑫*

摘要： 商业银行是金融市场的重要参与者，对于金融安全和支付业务处理质效的要求越来越高，而商业银行行内支付系统中存在各种复杂的调用关系。一方面，一旦系统发生故障，往往会耗费大量人力、时间去寻找问题所在；另一方面，系统调用关系的复杂性也给系统研发带来了困难，研发人员难以有效地进行模块化开发与测试，阻碍了系统研发、运维质效的提高。本文基于日志采集实现链路追踪，对源系统无入侵，通过大数据算法实现海量数据秒级生成，基于图模型算法实现根因快速定位，实现一体化智能运维，提升支付系统研发、运维质效和系统运行稳定性。

关键词： 图模型　运维　风险监测　人工智能

一、运维模式转型的意义

支付系统是经济金融体系的重要基础设施。目前，我国已建成以中国人民银行现代化支付系统为核心，银行机构行内支付系统为基础，特许机构清算系统和支付机构业务系统等为补充的支付清算服务网络。商业银行行内支付系统一旦发生故障可能给商业银行和客户带来严重的经济损失和信誉风险，如何预测故障、快速定位故障也成为商业银行经营面临的难点痛点问题。中国人民银行印发《金融科技发展规划（2022—2025 年）》，要求建立健全金融数据中心智能化运维机制、加强多场景协同联动、多节点一体管控，提升节点感知、异常发现和故障预

* 作者单位：崔宏亮，中国人民银行唐山市分行；李鑫，唐山银行股份有限公司。

测能力，降低人工操作风险，推动运维管理模式转型升级。同时，随着业务数字化转型及架构分布式转型的不断加速，商业银行的运维管理模式逐渐从“IT 运维”向“IT 运营”转型，以数据为基础、算法为支撑、场景为导向的 AIOps（Artificial Intelligence for IT Operations）智能运维技术是运维转型的必然方向。建设一体化智能运维体系，可以帮助需求人员设计出更加稳定、高效的业务需求，帮助研发人员优化研发流程，帮助测试人员提高测试覆盖率，帮助运维人员快速发现并解决系统的根源故障和问题，从而保证支付系统安全稳定运行。

二、运维模式转型面临的挑战

（一）历史技术遗留问题

大部分商业银行的系统平台已经发展了数十年，整体的技术架构是集成了成品软件和定制化开发的产物，在许多地方仍然将前期臃肿的技术架构纳入其核心位置，同时受到技术蔓延的影响，系统众多，采用了不同的技术栈、开发语言等，系统庞大而复杂，给研发一体化智能运维带来重大挑战。

（二）新技术应用

目前，有很多像 Docker、Mesos 和 Kubernetes 等应用的交付工具已经普遍应用于商业银行以外的行业中，由于新技术的应用伴随着安全隐患，这些先进工具带来的交易风险还没有得到大量的同业论证，这些先进工具可能几年后才能在商业银行中普遍应用。

（三）信息孤岛

监控工具有时不是以商业银行的 IT 运营为核心，而仅是监控服务器性能，并且只能在生产环境中运行，这意味着监控没有集成在测试或融入应用程序的架构，这些监控工具并没有推动开发和 IT 运营的协作，而是加速了信息孤岛的形成。研发一体化智能运维的关键是打破现有的信息孤岛，站在更高的角度，需求、研发、测试、运维集中协作，引入先进技术手段实现数据的整合和共享。

（四）T 银行系统运维痛点

T 银行内部有超过 140 个系统和 6000 余个接口，这些系统由不同的供应商提供，采用不同的技术和架构，导致它们之间缺乏集成性并且系统之间还存在复杂的接口调用关系，不同系统之间需要进行数据共享、业务流程互通等操作，这就需要进行系统间的接口调用，这些调用可能存在多层级关系，涉及不同技术和协议的接口，增加了系统集成的复杂性，导致了支付系统的生产问题难以进行快速的根因定位。目前，同业中存在一些支付系统的监控和故障定位的解决方案，但通常只能进行单一节点的告警或进行入侵式埋点数据采集，无法低成本地进行全链路追踪监控和根因分析。

三、采用先进技术实现全链路追踪监控智能运维场景

在人工智能领域，图模型算法（Graph Convolutional Networks，GCNs）是一类非常重要的机器学习算法，它可以用来建模和分析具有图结构的数据，例如，社交网络、蛋白质网络和交通网络等，其在金融领域也有重要的应用，如信用评估、交易策略优化、资产组合优化和金融风险管理等。

基于图模型的支付系统全链路风险监测，可以将图模型学习到的节点和边特征输入分类模型，识别出异常的、可能存在问题的支付交易。其主要包括两项内容：链路追踪和根因分析。链路追踪是指通过大数据分析，得出某段时间范围内的系统调用关系、通信量及通信延迟等相关指标。根因分析是指通过图模型算法构建每支支付交易的分布式调用树，获取到每支交易每个调用节点的执行信息，最终得出造成支付系统异常的权重最高的根因节点。通过大数据实时监控和基于人工智能图模型的根因定位技术，构建起支付系统的数据分析、问题发现、智能定位、自动恢复和预测预警的闭环智能运维场景，提升业务运营效率和用户满意度。

T银行持续开展AIOps智能运维建设，自下而上构建了“数据驱动、标准赋能、业务导向”的智能化运维体系，根据支付系统研发中心的运维场景，利用人工智能的图模型算法构建监测模型，通过大量测试、生产的样本数据对算法模型进行训练，实现AIOps智能运维，在日常研发运维知识图谱的基础上进行推算和演练，形成运维模型库和知识库，自动异常检测和智能运维分析。实现了全链路追踪监控智能运维。具体技术实现及功能介绍如下。

（一）技术架构（见图1和图2）

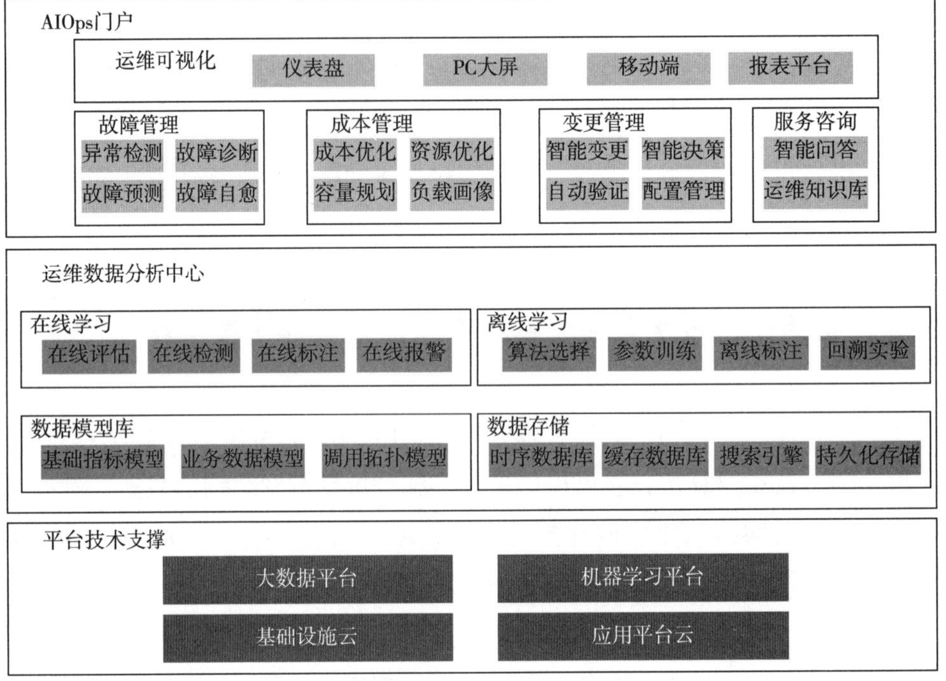

图1 AIOps研发运维一体化平台架构

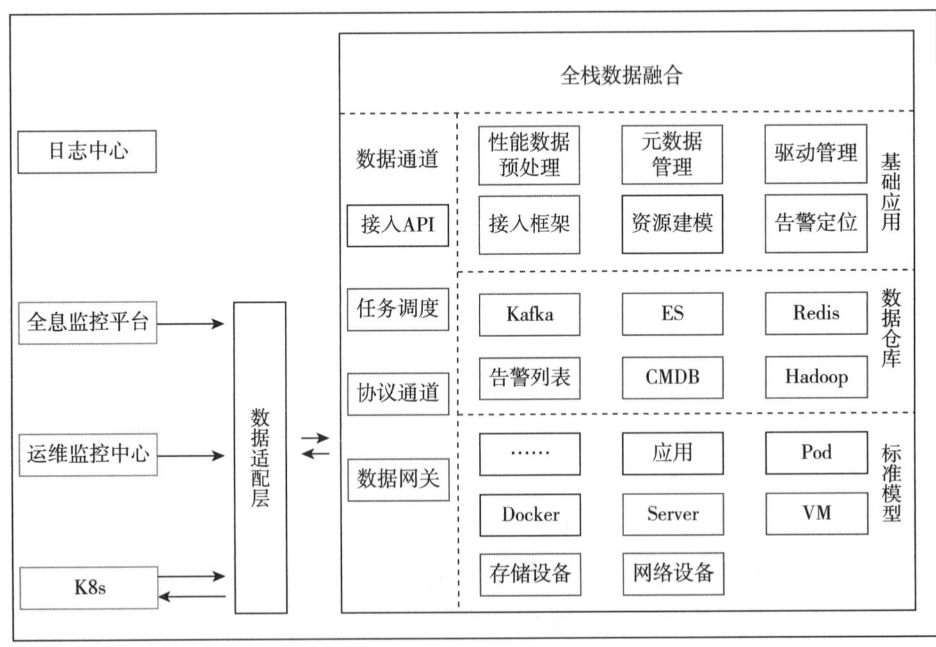

图2 数据归集架构

（二）系统功能

1. IT 运维故障根因分析。将人工智能与 IT 运维相结合，通过 IT 运维故障根因分析图模型算法，实现支付系统的智能运维，基于图模型的支付系统全链路风险监测采用大数据日志分析的方式，对源系统无侵入性，运用基于图模型算法和改进后的人工智能根因分析算法，可实现根因分析秒级定位。目前，T 银行行内系统均达到了链路追踪标准，可实现所有在运行系统的链路追踪。如图 3 所示，基于人工智能图模型算法，可在 1 秒内分析出全行异常支付交易的根因节点，实现支付系统生产问题的快速响应。

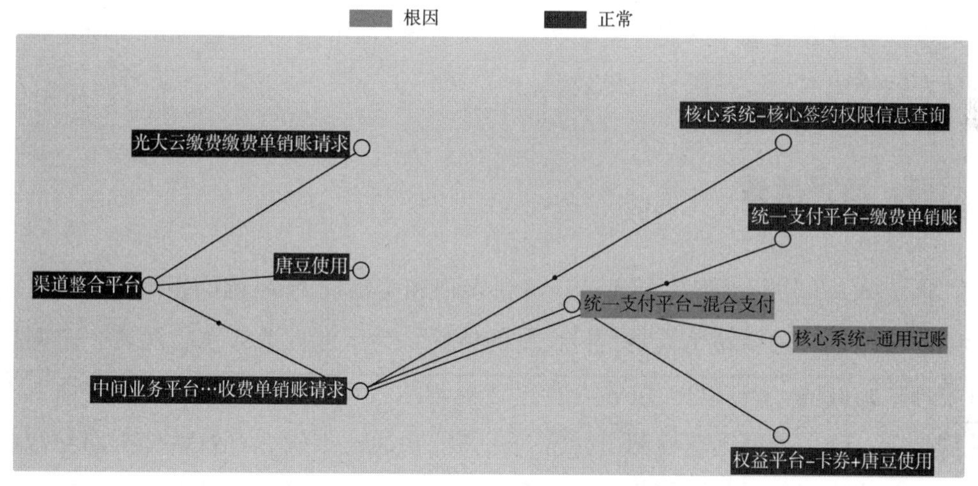

图 3　基于图模型的异常支付交易根因分析

2. 智能运行预警。利用大数据技术，先训练出泛化能力足够强的深度神经网络，然后基于迁移学习建立运行趋势预测模型，用于判断支付系统的运行状态和业务连续性状态，通过对系统重要指标运行情况自动监测和获取，对指标数值即将偏离阈值的情况进行预警。智能预警可以提前发现潜在的异常问题，运维人员可以提前介入、处置，将问题消灭在萌芽状态。

3. 自动事件处置。在运维数据标准化采集、分析的基础上，对研发中心各类软硬件 IT 资源的监控事件进行清洗、识别、分类，取消其中不会引发支付交易异常的预警，自动识别可能引发支付交易异常的预警，搜索匹配运维知识库，获取解决方法进行处置，并不断丰富运维知识库。例如，根据 AIOps 运维决策结果决定实施相关运维操作，进行系统进程重启、支付交易冲正、数据库日志回滚、表空间扩容等。

4. 自动运行控制。梳理各项运维流程、规则，根据 AIOps 运维决策结果，切换运维自动调度处理，进行运行控制、批处理执行、顺序启停等，实现对信息系统自动运维管控。梳理有序运维操作，进行编排，形成自动化作业执行，对相关研发运维任务进行有序的串行、并行处理，优化研发策略，提高研发运维质效。

5. 智能资源管理。对关键系统相关指标，如计算资源、业务交易量、内存资源、空间资源利用情况，进行自动巡查，采用回归类算法预测未来的资源使用情况，对于资源不足或冗余的情况进行自行扩容或回收。

6. 智能无人值守。通过分析同城双活中心运行要素，建立健全监控指标体系，综合考虑对各类设备、系统、进程和运行环境状态进行 7×24 小时的监测，及时发现异常并告警，一定程度上实现无人值守，提高系统监控和巡检质量，节约研发运维成本，提升研发运维效率。

四、应用成效

近年来，T 银行业务发展迅速，海量客户和交易使 IT 系统的轻微抖动就可能影响众多用户金融交易尤其是支付交易的体验。为了保证业务正常运转，全面提升平均故障间隔（MTBF）和平均故障修复时间（MTTR）这两个数字化运营的关键指标，除了需要迅速检测出异常，还需要快速、准确、有效地分析出异常的根因，迅速恢复。基于图模型的支付系统全链路风险监测可通过人工智能技术实现异常交易的秒级根因定位，保证全行运营质量。

目前，T 银行基于图模型的支付系统全链路风险监测系统实现了对全行业务系统单日 2000 万级交易量的全覆盖及行内全量 6000 余个接口的智能监测。单日千万级流水全链路生成在 2 分钟内完成，实时监测异常交易及根因定位在 1 秒内完成，整个分析过程相比实时交易延迟在 1 秒内。自上线后累计发现异常交易百余个，将传统运维人工定位问题的时间从 30 分钟缩短到 1 秒内，大大提升了支付系统运维问题的处理效率，整体速度提升率 99.94%，其中累计发现并优化异常接口百余个，并预测了部分异常支付交易，帮助运维人员实现对银行支付业务全系统全接口调用链路的实时监控和分析，主动快速发现并解决系统的根源故障和问题，有效提高了 T 银行支付系统的稳定性和运行效率。

供应链金融数字化发展研究

——基于徽商银行的探索与实践

文/刘　军　赵　菲　程　蕾　李　宁　王　雨*

摘要： 近年来，包括科创、绿色企业在内的中小企业在促进我国经济发展、解决民生就业等方面发挥了重要作用，但受自有资金不足、融资渠道有限制约，大量中小企业面临发展困局。数字供应链金融的发展不仅能有效地解决中小企业融资难题，也有助于推动金融资源在科技创新、先进制造、绿色发展等方面的有效利用。本文以徽商银行供应链金融数字化实践为例，对供应链金融数字化发展现状、业务模式及其特点进行分析，指出当前数字化转型面临的挑战，并结合国内发展现状，对商业银行如何发展数字供应链金融提出建议，从而推动我国数字供应链金融的发展，缓解中小企业融资难题，助推发展新质生产力。

关键词： 供应链金融　数字金融　中小企业　新质生产力

供应链金融作为一种基于集产业链、交易链及数据链为一体的全新融资模式，与大数据、云计算和区块链为代表的新技术的深度融合，凭借其交易数据更加数字化、风险更易控制、运行效率更高等特点，可以将金融资源精准地运用于促进科技创新、先进制造、绿色发展、中小企业与养老产业，以数字金融赋能科技金融、绿色金融、普惠金融、养老金融，推动新质生产力加快发展。

徽商银行作为安徽省内地方法人金融机构，早在2009年就开始开展供应链金融业务，持续探索创新供应链金融服务，推动供应链金融数字化转型。截至2024年5月末，已累计提供融资12.8亿元，服务各类中小企业767户，其中包括新能源汽车等绿色企业113户，有效缓解一些科技类初创企业和规模小、固定

* 作者单位：刘军、赵菲、程蕾、李宁，中国人民银行芜湖市分行；王雨，徽商银行芜湖分行。

资产少及营收不稳定的中小企业融资难题，充分体现金融工作的普惠性。

一、徽商银行供应链金融数字化实践概况

（一）徽商银行供应链金融数字化发展现状

近年来，徽商银行加快推进供应链金融产品创新，加大供应链投放力度。围绕优质核心厂商，创新推出“融链通”“供应链 e 贷”“项目供应链”等特色产品和区块链应收账款平台，完善了覆盖应收类、预付类、存货类、组合创新类四大类业务的产品谱系，初步形成具有鲜明特色、符合市场需求的供应链产品体系，金融供给能力持续增强。依托线上化风控及便利化渠道，向先进制造业、绿色企业、中小企业倾斜提供线上线下一体化融资服务，覆盖采购、生产、销售、回款等全产业链场景，切实提高资金使用效率，服务实体经济高质量发展。

以徽商银行重点客户之一的奇瑞集团为例，徽商银行通过总分支三级联动，为奇瑞集团打造上下游产业链一揽子金融服务方案。通过“融链通”线上产品，为上游供应商提供触指可达的结算、融资及应收应付管理等产业链协同服务，解决传统金融方案中上游中小企业担保抵（质）押不足难题，累计为其上游供应商提供融资 7.03 亿元，辐射中小企业 730 多户。

（二）徽商银行供应链金融数字化发展的业务模式

企业将未来或者已经合法持有的商品实物或者权利抵押、质押给徽商银行后，徽商银行基于企业真实的贸易和生产背景，为其提供短期资金的融资服务。从业务模式上来说，主要有六大类，分别为预付账款类贸易融资业务、存货类贸易融资业务、应收账款类贸易融资业务、购销通贸易融资业务、基于中心厂商的批量差额退款贸易融资业务及基于仓库中心捆绑的贸易融资业务。其中，预付账款类、存货类和应收账款类业务模式基本涵盖了企业采购、生产、销售等环节，可以有效保证企业日常资金运转。

1. 预付账款类贸易融资业务：企业用未来物权进行抵押、质押的融资服务，即以买卖双方签订真实贸易合同产生的预付账款为基础，为买方提供的一种短期融资服务。

2. 存货类贸易融资业务：企业将徽商银行认可的货物抵押、质押，徽商银行为其提供短期融资服务。

3. 应收账款类贸易融资业务：徽商银行以卖方与买方签订正常商务合同所产生的应收账款为基础，为其提供应收账款质押融资和国内保理的融资。

4. 购销通贸易融资业务：中间商具有相对固定和强势的供应商和销售商，但中间商不能提供有效的抵押、质押措施，上下游企业也不能提供法律上的担保，如果货物交易流程明确、清晰，运输渠道规范，上、下游企业的履约能力及信誉可靠，徽商银行可以对该中间商提供专项融资服务。

5. 基于中心厂商的批量差额退款贸易融资业务；徽商银行为供应链中的中心厂商提供差额退款额度，并同时将该额度分配给不同的采购商，采购商可用银行承兑汇票形式支用该额度用于向中心厂商购货。

6. 基于仓库中心捆绑的贸易融资业务：徽商银行向经认可的全国知名物流仓储公司、国家或区域级大型交易市场等全国或区域性大型仓储中心推荐的其业务范围内的贸易企业提供一定的短期交易融资。

（三）徽商银行供应链金融数字化发展特点

一是迭代升级突出科技属性。徽商银行供应链金融起步于传统的贸易融资产品，随着互联网技术的快速发展和交易银行的迅速兴起，徽商银行近年来持续加大线上供应链金融建设力度，加强全流程管理与协作，探索开展全面交易银行业务，推动供应链金融由线下转向线上。坚持以产业链为中心，从关注单个企业的金融服务转向注重整个产业链的价值提升，推动全流程管理和公私联动协作，积极探索建立多方共赢、产融协作的供应链生态系统。

二是产品拓展突出普惠和绿色属性。供应链金融模式和层次的迭代升级过程也是产品服务不断丰富拓展的过程。徽商银行供应链金融从早期以动产融资等单一产品营销，到以全面产品组合批量开发产业链“1 + N”“M + 1 + N”整体客户，产品体系已覆盖预付、存货、应收类全线产品和企业采购、生产、销售等各环节，特别是立足安徽农业大省实际，选取农业龙头企业、粮食交易市场作为核心厂商，为与其合作关系紧密、合作期限长、规模适中的上下游企业提供多样化融资，分别向农户、粮食收储企业提供农用机械按揭、粮食质押、农产品仓单质押等产品服务，从农产品种植到销售、流通的全流程都有精准的供应链金融服务保障，全力助推安徽农业强省建设。

三是平台合作突出数字属性。在供应链金融发展过程中，徽商银行始终注重加强平台业务合作，携手奇瑞集团等核心厂商，将线上供应链金融系统对接人民银行征信中心研发的应收账款融资服务中介平台，为供应商提供线上反保理等融资服务。依托该平台，应收账款债权人、债务人及资金提供方分别与平台进行系统对接，通过平台在线开展应收账款融资业务，可以实现账款信息的上传和确认、融资需求和融资意向信息的传递、融资信息的反馈、质押/转让通知的发送与查看、动产融资登记信息的便捷查询、应收账款质押/转让的便捷登记等业务操作。利用核心企业＋平台＋金融机构的合作模式，能够有效解决银企信息不对称问题，提升应收账款资产质量，降低企业融资成本，促进应收账款融资业务开展，无论对核心企业、上游供应商，还是对银行机构来说，都能实现互利互惠、合作共赢，也有利于新质生产力长远发展。

二、供应链金融数字化转型面临的挑战

（一）同业竞争日趋激烈

供应链金融数字化成为调整企业结构、加速产业转型发展的一种新型融资方式，由于其具有广阔的市场前景，正越来越受到各方青睐，一些国有大型商业银行和股份制商业银行利用自身优势已初步建立起具有一定影响力的供应链金融品牌，形成了先入为主效应，而且越来越多的产业巨头、电商平台、科技企业也纷纷看好供应链金融发展前景，正在利用其掌握的海量的客户消费、交易信息，凭借资本和技术优势加速抢滩布局，进一步加剧了市场竞争激烈程度。作为立足地方经济的城市商业银行，在资金成本、综合规模效益上没有明显优势，与大企业特别是一些优质企业、核心企业合作谈判相对困难，需要加大创新力度、发挥后发优势实现赶超。

（二）信息不对称

供应链金融数字化发展需将信息流、资金流、物流为一体的“三流”体系作为支持。当前部分行业公司正在积极探索优化整合“三流”体系，但从整合效果看，仍处于初级摸索创新阶段，基于“三流”整合基础上的供应链综合服务平台或生态圈系统尚未建立，尤其是信息不对称情况依然存在。供应链各参与方总体上仍各自为政，数据“信息孤岛”较为常见，多渠道获取重复信息、反复交叉验证信息的现象也比较普遍，一定程度上影响和制约了供应链金融的快速发展。

（三）信用价值链缺乏基础支撑

供应链金融数字化本质上是信用金融，核心是企业依托自身的信用与内在实力，在金融企业进行背书，从而帮助供应链中实力偏弱、信用不足、存在较大风险的部分小微企业。目前，全社会信用体系没有真正建立，企业征信数据库不够完善，信用中介机构市场发育不健全，不仅大多数中小企业没有建立起自身的信用管理系统，专门建立中小企业信用评价体系的银行机构相对较少，失信可耻、守信光荣的社会氛围还不够浓，也影响了供应链金融数字化的升级发展。

（四）亟须完善供应链金融风险防控体系

由于供应链金融对核心厂商依赖性强，对供应链上中小企业的交易、仓储、物流等信息掌握不够及时全面，加上缺乏动产处置变现的有效途径，银行机构在很大程度上仍然沿用传统信贷思维模式管理供应链融资风险，供应链金融尚无法完全独立于传统的信贷风险防控体系，对企业全信贷生命周期的风险管理缺乏有效手段。在数字化转型过程中，供应链动态风险监控能力还较为薄弱，依托先进技术精准识别、防控风险还在探索中。由于诸多难点痛点，如供应链参与主体多而分散、各利益诉求与抗风险能力不尽相同，同时对信息管理技术存在较高要求，防控市场风险与操作风险存在较大难度。

三、供应链金融数字化发展的建议

（一）厘清发展思路，找准战略定位

在数字供应链金融领域，国内各家商业银行布局和具体实践各不相同，其中部分商业银行因其资金实力、科技水平和科技人才等方面的优势，从而获得了较高的风控水平和服务品质，针对数字供应链金融发展水平所采取的举措已初见成效。在未来数字经济时代，商业银行发展数字供应链金融的核心竞争力就是数字供应链金融的风控能力及服务水平，商业银行在该领域的市场份额及地位很大程度上取决于其风控能力及服务水平的高低。因此，国内各商业银行应该结合自身实际情况，找准自身战略定位，进行顶层设计，明确自身发展路径，优化组织结构，增强联合协作，全方位共同推进供应链金融数字化转型、发展数字供应链金融。

（二）强化科技支撑，培养科技型人才

在数字供应链金融业务发展中能否掌握主动权，很大程度上取决于商业银行能否树立“科技引领、人才推动”的发展理念。在科技方面，各商业银行应加大自身科研投入，用一系列优待政策积极引进科技型人才。与此同时，商业银行可以与高校、培训组织或者金融科技公司等机构合作，定期组织员工进行专项知识培训，提升公司员工的科技能力和科技素养，这不仅有利于提升公司的服务质量与服务水平，还有助于促进新技术推广及使用和推动新产品销售。此外，银行还需协调好公司内部各组织机构与科技人才的协同工作，共同推动公司整体科技水平的发展与提高，加快供应链金融数字化转型，推动数字供应链金融快速发展。

（三）搭建平台，形成多方协作的金融生态圈

当下供应链金融模式仍以商业银行与核心企业共同构建为主，如果商业银行过度依赖核心企业则容易引发如银行丧失主动权、客户拓展范围受限及由核心企业引发的欺诈风险等一系列问题。因此，商业银行应积极主动创建以多元化合作为模式的数字供应链金融服务平台，在平台创建中，融入金融科技企业技术优势；引入保险企业与保理企业，利用其保险、回购合同等方式降低信贷风险。数据是数字供应链金融业务开展的支撑，为推动数字供应链金融的可持续健康发展，商业银行应将核心企业转化为数据中心，并不断拓展数据方至物流企业、电商平台及部分金融科技企业，形成一个大数据金融生态圈，最终实现商业银行批量化、标准化的客户服务，推动数字供应链金融可持续发展。

（四）完善风险管理体系，有效防范新型风险

供应链金融数字化转型的同时也会伴有新型风险的出现，这就要求我们对传统的风控手段和机制进行创新与升级。首先，商业银行应积极面对数字时代，利用数字化转型浪潮，从底层技术层面到顶层管理方面进行全方位的创新，建立上下一体的数字化供应链金融风控体系。其次，商业银行可以大数据为基础，辅以信创、区块链等新技术打造大数据风控系统，实现数据理念及数字化手段创新，完成贷前、贷中及贷后风险全流程闭环管理。再次，由于供应链金融与其他金融模式不同，具有风险传导性、风险共振性及风险多样性等特征，在数字化转型趋势下，商业银行应根据不同的信贷流程建立相匹配的供应链金融风控评估模型，对业务开展过程中的操作风险、市场风险、技术风险、道德风险等风险进行管控，以实现业务闭环化、结构化分散等供应链金融特定风控目标。最后，与传统银行信贷不同，数字供应链金融具有连续贷后操作的特点，因此银行需要建立专门的风险管理体系。

数字金融赋能中小商业银行改革优化的路径探究

文/尹凯毅*

摘要：随着数字技术的快速发展与商业银行同业竞争白热化时代的来临，数字金融已成为驱动商业银行高质量发展的重要途径之一。数字金融既可以提高商业银行的运营效率，又能创造新的商业模式和增值模式，从而实现银行的转型升级与长期可持续发展，基于此，本文探究如何充分运用数字金融优势，赋能中小商业银行实现改革优化的路径。首先，阐述了数字金融的主要特点，列举了通过数字化技术实现创新的中小银行案例；其次，剖析商业银行在数字金融改革方面所面临的挑战；最后，提出具体优化路径，旨在帮助中小商业银行充分利用数字金融的力量，提高自身核心竞争力与可持续发展能力。

关键词：中小商业银行　数字金融　改革优化

一、数字金融的特点

数字金融是指全面改革传统金融服务，利用互联网、信息技术，引入数字管理概念进行升级和转型，最终实现金融服务的电子化和信息化，提高效率和便利性，并为接受金融服务的客户提供全面的金融服务。数字金融的主要特点如下。

（一）普惠性

在经济快速增长的背景下，各类人群对金融服务的需求日益增加。而得益于数字金融的普惠性，针对老年人、儿童、家庭主妇等群体也可以设计合适的金融

---

* 作者单位：宁波银行。

产品，利用数字技术，通过互联网便捷、高效地推进金融服务，可以为社会公众提供更多的金融服务场景。

（二）便捷性

传统的金融服务受时间和地点的限制，只能为有限的人群提供服务，且大部分服务场景都发生在线下。数字金融则可以突破时间和地点的限制，用户无须在线下进行商业活动，就能满足金融需求，选择金融服务。用户只需动动手指，就可以通过电脑或手机随时随地进行查询或交易等业务，非常方便。

（三）安全性

在数字金融中，确保每个用户的安全是非常重要的。数字金融拥有广泛的客户基础，金融机构正在采用先进的信息技术来提高其服务的安全性和稳定性，比如广泛使用的多因素认证，通过知识因素（密码或 PIN 码）和生物特征因素（指纹、面部识别和虹膜扫描）来增强安全性。尤其是数字金融的安全性，对于交易资金较大的公司来说，是一个重要的因素，面对诈骗手段的不断迭代更替，金融机构利用新兴强大的 AI 技术和机器学习来检测异常交易和可疑行为，这些系统通过学习用户的日常交易习惯，当发生不寻常的大额交易时，可以自动标记并暂停交易，直到用户确认，提高了大额资金客户的交易安全性。

二、中小商业银行数字化转型势在必行

（一）中小银行数字化转型的重要性

作为我国银行业金融机构的重要组成部分，中小型银行数量多，地理分布广，客户服务分散，地域优势强。一些学者指出，股份制商业银行、城市商业银行、农村商业银行、农村信用社等总资产不足 4 万亿元人民币的商业银行都属于中小型银行范畴，目前我国中小银行的数量超过 3600 家，其中资产总额在 5000 亿元以下的银行被定义为小银行。由于中小银行在区域性金融市场中自然而然扮演着“毛细血管”的角色，它们通常根植于特定的地方市场，专注于服务本地经济和中小企业客户，因此中小银行对促进像我国这样地域辽阔遍布数量众多的县级企业经济能发挥很好的融资聚资功能。

我国中小商业银行的数字化转型，对于促进各地小微企业、实体企业的兴起和普惠金融的发展，扮演着不可缺少的重要角色。数字化改造可以有效地提高中

小商业银行员工的工作效率，减少它们的经营成本，增强它们的风险管理水平，并营销好与市场相适应的金融产品和服务。在为普惠金融目标提供服务的过程中，提高了精准营销的有效性，提高了用户的体验，提高了用户的黏性。

（二）中小银行数字化转型的必要性

一方面，不断变化的外部环境迫使中小银行进行数字化转型。随着智能型金融技术时代的到来，近年来主要银行重视金融技术，加大了在该领域的投资。因此，中小银行将面临大型银行数字化优势带来的“挤出效应”和“掐尖现象”。受新冠疫情影响，银行的整体业绩受到挤压，但6家主要国有银行的技术投入仍在100亿元以上，其中中国工商银行、中国建设银行、中国农业银行和中国银行2022年在金融科技领域投入超过200亿元，金融技术投资占全部收益的2.80%以上，其中交通银行的金融技术投资占全部收益的4.26%，在6家国有银行中占比最高。

另一方面，中小银行的数字化改革是其内部需求。中小银行的数字化是银行经营管理改革的内部推动力。近年来，监管部门出台了许多关于互联网业务的新规定，在监管要求越来越严格的条件下，中小银行要进行数字化转型所面临的环境和困难也越来越严峻。

三、中小银行数字化转型的成功案例

（一）某银行的“数转贷”产品——无形资产也能产生财富

2023年12月27日，福州市启动了中小企业数字化转型试点城市的实施工作。作为该试点工作的合作金融机构之一，该银行推出了“数转贷”产品，支持企业的数字化转型。随着数据逐渐成为新型的生产要素和重要的创新资产，该银行于2023年为某企业成功办理了全省首笔基于数据资产质押的1000万元贷款，为知识产权质押提供了新的思路，在支持中小企业融资方面展示了重要价值。

此外，该银行通过创新的认股选择权贷款模式，与某企业建立了授信合作，提供了1000万元的信用类流动资金贷款，有效缓解了企业早期融资难融资贵的问题。与此同时，该银行还利用自身资源和金融顾问团队的优势，为企业引入多元化的融资渠道，提供包括结算和投融资意向撮合等在内的综合金融服务，助力企业发展。凭借这些创新实践，该银行被评为“2023年福建科创金融优秀案例”。

（二）某股份制银行致力打造全面的“生态银行”和“智慧银行”

为支持创新性线上产品研发，该银行主动加强与全国中小企业融资综合信用服务平台的对接，引入税务、海关、工商、发票、政府采购、农业等海量高价值数据，持续对接各地区域专属数据，以多维数据建模，还原企业真实经营场景，开发信用类数据增信产品；另外，围绕核心企业供应链生态圈，实现向大中小微一体化链式经营模式转变，开发面向中小企业和上下游小微企业的链式金融产品。

基于数据增信和大中小微一体化链式开发模式，该银行打造了 4 类创新性线上产品：一是民生惠产品，基于行内外超 20 万组数据项完成客户价值细分，以主动授信和智能决策为基础，精准锁定客群，实现法人业务线上化和个人业务聚合化。二是供应链数据增信产品，如信融 E、采购 E 和赊销 E，基于数据的风险识别与信用评估体系，满足供应链上下游小微客户线上、信用、便捷、高效的融资需求。三是基于场景数据还原企业经营，形成税务贷、烟草贷、商户快贷、政采快贷等系列场景类数据增信产品。四是主动融入乡村振兴、低碳经济和共同富裕战略，搭建“哈尔滨农贷通”“新疆棉农贷”等特色乡村振兴普惠涉农产品体系，并推出线上“光伏贷”产品。

（三）某银行扩大小微企业“首贷户”覆盖面，打通融资“最难一公里”

对多数中小微企业而言，银行首贷是企业经营发展过程中十分关键的一笔贷款，对没有贷款记录的企业来说，从银行借到第一笔钱并非易事。该银行以数字化服务中小微企业为己任，高度重视“首贷户”金融服务成效，结合自身数字银行禀赋能力，通过数字技术手段，对中小微企业风险持续实施精准量化评估，夯实“愿贷、敢贷、能贷、会贷”能力。在提高“首贷户”审批效率方面，该银行积极开辟绿色服务通道、优先审批；在产品服务方面，为“首贷户”定制了“7 天享受万分之一利率”优惠套餐。同时，积极提供信贷产品政策咨询等一揽子综合化金融服务方案，打好线上线下产品“组合拳”，帮助首贷企业积极解决“首贷难”痛点，有效扩大首贷户服务覆盖面。

四、中小银行在数字金融时代面临的困难

（一）抗风险能力相对较弱

随着智能化金融技术的发展，商业银行对智能化风险管理的需求越来越高，

但其在信用风险的精确辨识与智能防控上还存在诸多难题。与此同时，随着信息技术的飞速发展，银行也面临诸如网络攻击、隐私泄露、合规风险等一系列“数字风险”，我国中小商业银行在面对此类风险与挑战时，仍然面临一些难题，尤其是缺少系统的、前瞻性的布局与规划，特别是在当前数据共享的潮流下，各家银行思考如何把控好核心数据的安全也是至关重要的。

（二）科技创新能力较弱

从各家银行公布的年度报告可以看出，中小型商业银行在技术领域的资金投入、人才投入及资金的储备都比大银行差得多，且缺少一定的规模效应（见图1），国有大行在金融科技领域上的投入已超过200亿元，而民生银行和光大银行的投入则相对较少。除此之外，中小商业银行缺乏人才、缺乏求职竞争力，这也是制约其进行数字化转型的主要原因。另外，在未来，银行还需要对自身的科技维护进行不断的投资和更新。中小商业银行自主研究资源有限，人才梯队也不完善，获取外部核心技术也存在壁垒。

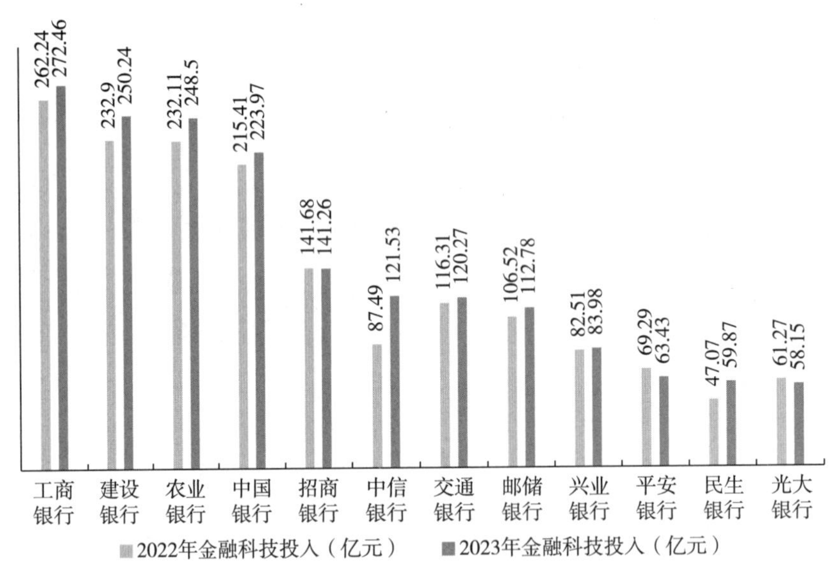

图1 上市银行在金融科技领域的资金投入

（三）严峻的外部竞争环境

随着净息差的收紧，行业环境日益艰难，2023年银行业的净息差与2022年相比出现了下跌（见图2），银行业的利润空间开始不断变窄，其中交通银行的净息差仅为1.28个百分点。银行服务也逐渐线上化，大型银行开始关注下沉市场，网上银行的兴起在一定程度上缩小了中小银行的发展空间。与此同时，网上银行改变了部分客户对银行的依赖程度，也给中小型银行带来了一些压力。

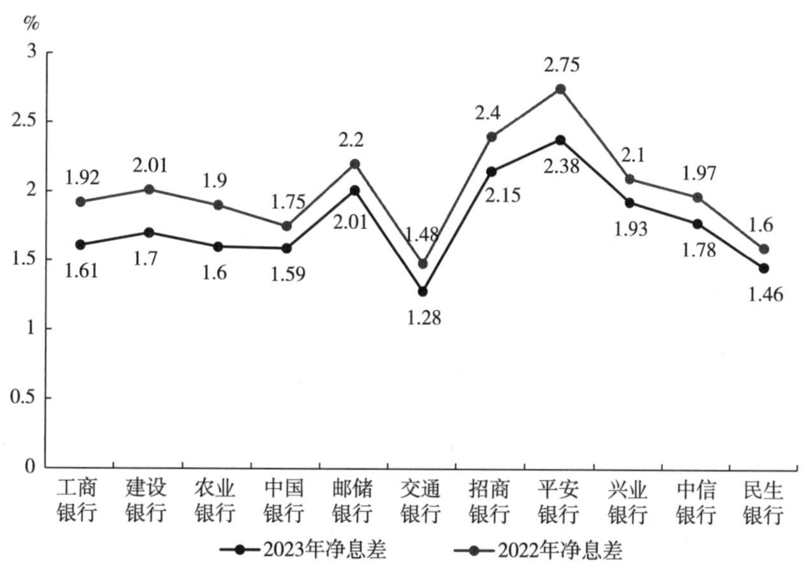

图2 上市银行的净息差情况

五、对策建议

（一）完善数据治理体系

由于数据是一种资源，其对金融市场的影响很大。首先，对现有的资料进行全面排查，剔除失真和离谱的资料，提高对市场新增信息的品质需求，保证资料的精度。其次，要主动推动信息联通，实现跨公司、跨城市、跨行业的共享信息平台，达到信息的最大化利用。最后，健全数据的安全性管理体系，确定各个方面的管理责任，明确数据治理的奖惩措施，强化数据的安全性。

（二）增加科技投入及人才培养

一是在银行内部加强数字化基础设施建设，加大对自主研究和开发技术实力的投入，增强银行的基本技术实力，加大计划投资力度，加速中小银行金融科技的技术升级，“循序渐进，敏捷迭代”，减少了技术和业务的落地和迭代周期。二是优化国内研发和外包团队。在保持自身核心技术的同时，要整合第三方的技术优势，借此弥补自身技术短板，合理协调和推动第三方机构在技术层面的专业化分工，提升整体运作能力。三是强化对银行业战略层面的关注，适度增加财政预算中的科技投入，加强金融科技投入，推动重要智能技术运营，加快数据模型深度挖掘。同时，应设置适当的激励措施，鼓励培训内部工程师，并将部门和项目的结构相结合；以“揭榜挂帅”制度为激励，激发职工勇于承担重大科研任务的积极性，同时，用具有竞争性的薪资待遇吸引国内外人才，加快科技人才队伍建设。

（三）明确市场定位，精细化耕耘以应对外部竞争环境

一是银行内部要将数字化转型上升到战略规划的高度，加强管理人员的数字化思维和数字化领导能力的培训，提高整个银行的认知水平，从上到下形成一致。二是面对日益激烈的外部竞争，要根据实际情况，运用大数据等技术细分客户、错位竞争、精准营销，为区域经济社会发展提供独特的金融服务，且有必要明确自己的比较优势。以普惠金融为核心，服务中小企业，通过错位竞争为广大客户，如中小企业、小微企业、农村居民、社区居民等提供贴近市场需求的服务。三是中小商业银行可以通过与区域产业链的对接，提供有特色的产业链金融服务。应与地区特色经济和产业紧密结合，如根据地区经济特点和产业布局，整合地区供应链和产业链，提供金融服务，服务地区专业市场；抓住客户需求痛点，结合产业链的行业特色和周期，为它们量身定制个性化的金融服务方案。

政策传递

非银行支付机构监督管理条例实施细则

（中国人民银行令〔2024〕第4号）

第一章　总　则

第一条　根据《中华人民共和国中国人民银行法》、《中华人民共和国电子商务法》、《中华人民共和国行政许可法》、《非银行支付机构监督管理条例》（以下简称《条例》）等法律、行政法规，制定本细则。

第二条　非银行支付机构应当遵循诚实信用、合法合规、安全高效原则开展业务，采取切实有效措施保障业务连续性、备付金安全和用户合法权益，不得以欺骗、隐瞒、非自有资金出资等不正当手段办理行政许可事项，严禁倒卖、出租、出借支付业务许可证。

第三条　《条例》所称中国人民银行的分支机构是指中国人民银行各省、自治区、直辖市以及计划单列市分行。中国人民银行的分支机构根据中国人民银行的授权和分工，依法对辖区内非银行支付机构及非银行支付机构分支机构实施监督管理，对本辖区非银行支付机构监管工作作出统一部署。

中国人民银行的分支机构之间应当加强监管协同和信息共享。

第二章　设立、变更与终止

第一节　设　立

第四条　《条例》所称非银行支付机构的董事、监事和高级管理人员，应当符合下列条件：

（一）熟悉与支付业务相关的制度文件。

（二）具有履行职责所需的经营管理能力，包括具有担任拟任职务所需的独立性、良好的从业记录等。高级管理人员还应当具有大学本科以上学历，从事支付结算、金融、信息处理业务 2 年以上或者从事会计、经济、信息科技、法律工作 3 年以上。

（三）最近 3 年诚信记录良好且无重大违法违规记录。

（四）不存在《中华人民共和国公司法》规定的不得担任公司董事、监事和高级管理人员的情形。

前款所称高级管理人员，包括总经理、副总经理、财务负责人、技术负责人、合规风控负责人或者实际履行上述职责的人员。非银行支付机构应当具有 5 名以上高级管理人员。

中国人民银行及其分支机构可以对非银行支付机构拟任的董事、监事和高级管理人员进行任职考察，考察方式包括但不限于向其原任职单位核实工作情况、通过谈话了解拟任人员的基本情况和业务素质、提示履职风险和需关注的重点问题等。

第五条 非银行支付机构的董事、监事和高级管理人员就任时和在任期间应当始终符合本细则第四条要求。

非银行支付机构董事、监事和高级管理人员在任期间出现不符合本细则第四条情形的，非银行支付机构应当停止其任职，并于 10 日内将相关情况报告住所所在地中国人民银行的分支机构。

第六条 《条例》所称其他审慎性条件是指具有良好的资本实力、风险管理能力、业务合规能力等符合审慎经营规则的条件。

《条例》施行前已按照有关规定设立的非银行支付机构还应当满足经营状况良好、支付业务许可证有效期内无重大违法违规记录、不存在无正当理由连续 2 年以上未开展支付业务的情况等条件。

中国人民银行及其分支机构为核实本条规定的审慎性条件，可以要求申请人提供有关说明材料。

第七条 本细则第六条所称重大违法违规记录是指从事犯罪活动，影响恶劣；或者存在《条例》第五十一条第一项、第五项情形；或者存在《条例》第五十条任一情形和第五十一条除第一项、第五项之外的情形，并且具有下列情节之一的：

（一）司法机关认定主动为非法活动提供支付服务，拒不整改或者性质恶劣。

（二）伪造系统数据或者提供虚假材料等，导致监管工作无法正常开展。

（三）情节恶劣，造成严重后果或者社会影响。

对非银行支付机构在《条例》施行前存在的重大违法违规记录的认定，参照上述规定执行。

第八条 根据《条例》第八条，非银行支付机构注册资本最低限额在人民币1亿元基础上，按下列规则附加提高：

（一）仅从事本细则第五十五条规定的储值账户运营Ⅰ类业务的，注册资本最低限额附加值为人民币1亿元。

（二）仅在住所所在省、自治区、直辖市从事本细则第五十五条规定的储值账户运营Ⅱ类业务的，注册资本最低限额无需附加。经营地域范围在其住所所在地以外每增加1个省、自治区、直辖市的，注册资本最低限额附加值增加人民币500万元。经营地域范围超过20个省、自治区、直辖市的，注册资本最低限额附加值为人民币1亿元。但是，仅从事储值账户运营Ⅱ类（仅限于线上实名支付账户充值）或者储值账户运营Ⅱ类（仅限于经营地域范围预付卡受理）的，注册资本最低限额无需附加。

（三）仅在住所所在省、自治区、直辖市从事本细则第五十五条规定的支付交易处理Ⅰ类业务的，注册资本最低限额无需附加。经营地域范围在其住所所在地以外每增加1个省、自治区、直辖市的，注册资本最低限额附加值增加人民币500万元。经营地域范围超过20个省、自治区、直辖市的，注册资本最低限额附加值为人民币1亿元。

（四）仅从事本细则第五十五条规定的支付交易处理Ⅱ类业务的，注册资本最低限额无需附加。

同时从事上述两种以上业务类型的，注册资本最低限额附加值根据业务类型和经营地域范围，按照本条第一款第一项至第四项规定加总计算。

第九条 申请设立非银行支付机构的，申请人应当向住所所在地中国人民银行的分支机构申请，并提交下列材料：

（一）书面申请，载明申请人拟设立非银行支付机构的名称、住所、注册资本、拟申请支付业务类型、经营地域范围等。

（二）公司章程草案。

（三）验资证明或者公司资本情况材料。

（四）主要股东、实际控制人材料。

（五）拟任董事、监事和高级管理人员材料。

（六）拟设立非银行支付机构的组织机构设置方案、内部控制制度、风险管理制度、退出预案以及用户合法权益保障机制材料。

（七）支付业务发展规划和可行性研究报告。

（八）反洗钱和反恐怖融资措施材料。

（九）支付业务设施材料。

（十）有符合规定的经营场所材料。

（十一）申请材料真实性声明。

第十条 本细则第九条所称主要股东材料包括：

（一）申请人股东关联关系说明材料，以及股权结构和控制框架图。

（二）营业执照（副本）复印件，或者有效身份证件复印件、个人履历。

（三）财务状况和出资情况说明材料，含出资方资金来源说明，以及最近 2 年经会计师事务所审计的财务会计报告或者个人财务状况说明。

（四）无重大违法违规材料，含最近 3 年无重大违法违规记录承诺，以及其他能够说明没有因涉嫌重大违法违规正在被调查或者处于整改期间的相关材料。

（五）诚信记录良好材料，含企业或者个人征信报告，以及其他能够说明诚信记录良好的相关材料。

（六）股权稳定性和补充资本承诺书，含主要股东 3 年内不再变更的承诺，以及非银行支付机构发生风险事件影响其正常运营、损害用户合法权益时，主要股东补充资本的承诺。

主要股东为金融机构的，还应当提供金融业务许可证复印件、准予投资申请人的批复文件或者其他相关材料。

第十一条 本细则第九条所称实际控制人材料包括：

（一）申请人实际控制权和控制关系说明材料。

（二）营业执照（副本）复印件，或者有效身份证件复印件、个人履历。

（三）财务状况和出资情况说明材料，含出资方资金来源说明，以及最近 2 年经会计师事务所审计的财务会计报告或者个人财务状况说明。

（四）无重大违法违规材料，含最近 3 年无重大违法违规记录承诺，以及其他能够说明没有因涉嫌重大违法违规正在被调查或者处于整改期间的相关材料。

（五）诚信记录良好材料，含企业或者个人征信报告，以及其他能够说明诚信记录良好的相关材料。

（六）股权稳定性承诺书，含实际控制人3年内不再变更的承诺。

实际控制人为自然人的，还应当提交其实际控制的公司最近2年经营情况说明材料、最近2年经会计师事务所审计的财务会计报告或者其他相关材料。

前款所称实际控制的公司，指本条第一款第一项规定的申请人实际控制权和控制关系说明材料中，实际控制人控制的、除非银行支付机构之外财务状况良好的公司。

第十二条　本细则第九条所称董事、监事和高级管理人员材料包括：

（一）有效身份证件复印件。

（二）个人履历和相关说明材料。

（三）高级管理人员学历证书复印件。

（四）无重大违法违规材料，含最近3年无重大违法违规记录承诺，以及其他能够说明没有因涉嫌重大违法违规正在被调查或者处于整改期间的相关材料。

（五）诚信记录良好材料，含个人征信报告，以及其他能够说明诚信记录良好的相关材料。

（六）个人承诺书，含对本人（及配偶）是否有大额负债进行说明，并就本人诚信和公正履职、履行反洗钱和反恐怖融资义务等进行承诺。如涉及兼职的，还需提交兼职情况说明和“确保有足够时间和精力有效履行相应职责”的承诺。

第十三条　本细则第九条所称拟设立非银行支付机构的组织机构设置方案应当包含公司治理结构，董事、监事、管理层、各职能部门设置，岗位设置和职责等情况。

内部控制制度是指为合理保证拟设立非银行支付机构经营管理合法合规、资产安全、财务报告和相关信息真实完整而制定的相关制度。

风险管理制度应当包含拟设立非银行支付机构经营过程中的风险分析、风险识别、风险处置等内容。

第十四条　本细则第九条所称支付业务发展规划和可行性研究报告应当包括下列内容：

（一）拟从事支付业务的市场前景分析。

（二）拟从事支付业务的处理流程，载明从用户发起支付业务到完成用户委托支付业务各环节的业务内容以及相关资金流转情况。

（三）拟从事支付业务的风险分析和管理措施，并对支付业务各环节分别进行说明。

（四）拟从事支付业务的成本和经济效益分析。

拟申请不同类型支付业务的，应当按照支付业务类型分别提供前款规定内容。

第十五条 本细则第九条所称反洗钱和反恐怖融资措施材料应当包括下列内容：

（一）反洗钱内部控制制度文件，载明反洗钱合规管理框架、客户尽职调查和客户身份资料及交易记录保存措施、大额和可疑交易报告措施、反洗钱审计和培训措施、协助反洗钱调查的内部程序、反洗钱工作保密措施。

（二）反洗钱岗位设置和职责说明，载明负责反洗钱工作的内设机构、反洗钱高级管理人员和专职反洗钱工作人员及其联系方式。

（三）开展大额和可疑交易监测的技术条件说明。

（四）洗钱风险自评估制度，《条例》施行前已按照有关规定设立的非银行支付机构还应当提交已完成的洗钱风险自评估报告。

第十六条 本细则第九条所称支付业务设施材料应当包括下列内容：

（一）支付业务设施机房部署情况。非银行支付机构生产中心机房原则上应当与非银行支付机构主要经营场所所在地位于同一省、自治区、直辖市。

（二）支付业务设施符合中国人民银行规定的业务规范、技术标准和安全要求说明材料。

未按照中国人民银行规定的业务规范、技术标准和安全要求提供说明材料的，或者说明材料的程序、方法存在重大缺陷的，中国人民银行及其分支机构可以要求申请人重新提交说明材料。

第十七条 本细则第九条所称有符合规定的经营场所材料应当包括住所所有权或者使用权的说明材料，以及经营场所安全的相关材料。

第十八条 申请人申请设立非银行支付机构，应当向住所所在地中国人民银行的分支机构提交申请材料。中国人民银行的分支机构依法受理符合要求的申请，自受理申请之日起初步审查，并将申请材料和初步审查意见报送中国人民银行。中国人民银行自中国人民银行的分支机构受理申请之日起6个月内作出批准或者不予批准的决定。

第十九条 申请人应当自收到受理通知之日起10日内，向住所所在地中国人民银行的分支机构提交公告材料，由中国人民银行的分支机构在其网站上连续公告下列事项20日：

（一）拟设立非银行支付机构的注册资本和股权结构。

（二）主要股东名单和持股比例。

（三）实际控制人名单。

（四）拟申请的支付业务类型。

（五）拟设立非银行支付机构的经营场所。

（六）支付业务设施符合中国人民银行规定的业务规范、技术标准和安全要求说明材料。

公告期间，对于社会公众反映的申请人涉嫌提供虚假材料，申请人、主要股东和实际控制人涉嫌违法违规等情形，中国人民银行的分支机构应当进行核查，核查时间不计入审查时限。

第二十条 申请人应当自领取营业执照之日起6个月内开业，并向住所所在地中国人民银行的分支机构报告。申请人自领取营业执照之日起超过6个月未开业的，应当向住所所在地中国人民银行的分支机构报告，说明正当理由和有关情况。

第二节 变 更

第二十一条 《条例》规定的非银行支付机构变更事项包括：

（一）变更主要股东或者实际控制人。

（二）合并或者分立。

（三）跨省、自治区、直辖市变更住所。

（四）变更业务类型或者经营地域范围。

（五）变更董事、监事或者高级管理人员。

（六）变更名称或者注册资本。

非银行支付机构因办理上述变更事项涉及全部支付业务终止的，应当按照本章第三节有关规定办理。

第二十二条 非银行支付机构拟变更本细则第二十一条第一款第一项至第四项事项，以及系统重要性非银行支付机构拟变更本细则第二十一条第一款第五项事项的，应当向中国人民银行的分支机构提交申请，由中国人民银行的分支机构受理、初步审查后报中国人民银行审查、决定。

非银行支付机构拟变更本细则第二十一条第一款第六项事项，以及非系统重要性非银行支付机构拟变更本细则第二十一条第一款第五项事项的，应当向中国人民银行的分支机构提交申请，由中国人民银行的分支机构受理、审查、决定。

非银行支付机构办理本细则第二十一条第一款第一项至第六项事项的，经中国人民银行及其分支机构批准后，依法向市场监督管理部门办理登记手续。

第二十三条 非银行支付机构经查实存在违规经营、规避监管、未按要求落实整改意见，或者因涉嫌违法违规被调查、侦查且尚未结案等其他影响非银行支付机构稳健运行情形的，非银行支付机构应当审慎提交变更申请，依法做好整改，配合调查、侦查直至有关情形消失。

非银行支付机构如需改变中国人民银行的分支机构已受理的变更申请，应当撤回原申请后按本细则要求重新提交变更申请。

第二十四条 非银行支付机构变更主要股东包括下列情形：

（一）新增主要股东。

（二）现有主要股东增加或者减少股权比例。

第二十五条 非银行支付机构申请变更主要股东或者实际控制人的，应当符合下列条件：

（一）现有主要股东或者实际控制人持股或者实际控制已满 3 年。现有主要股东改变股权比例且未导致主要股东身份和实际控制人变更，现有主要股东或者实际控制人死亡、丧失完全民事行为能力、执行法院判决、风险处置或者中国人民银行基于审慎监管原则同意再次变更等情形除外。

（二）拟变更后的主要股东或者实际控制人应当符合《条例》及本细则有关规定。拟变更后的主要股东或者实际控制人为公司的，还应当具有稳定的盈利来源或者较好的可持续发展能力。

（三）最近 3 年无重大违法违规记录。

（四）诚信记录良好。

（五）备付金管理机制健全有效。

第二十六条 非银行支付机构申请变更主要股东或者实际控制人的，应当向住所所在地中国人民银行的分支机构提交下列材料：

（一）书面申请，载明申请人基本情况、变更原因、变更方案、变更前后主要股东或者实际控制人情况等。

（二）申请人材料，包括：

1. 营业执照（副本）复印件和支付业务许可证复印件。

2. 无重大违法违规材料，含最近3年无重大违法违规记录承诺，以及其他能够说明没有因涉嫌重大违法违规正在被调查或者处于整改期间的相关材料。

3. 诚信记录良好材料，含企业征信报告，以及其他能够说明诚信记录良好的相关材料。

4. 备付金安全承诺。

5. 公司合规经营情况说明，含最近3年经营情况、被投诉举报情况、受到行政处罚或者被采取监管措施情况，以及上述相关问题的整改情况。

6. 申请人为国有企业、国有控股企业或者上市企业，变更涉及国有资产转让或者上市公司资产交易依法应当取得相关监管部门批准或者备案的，应当提供批准或者备案文件。

（三）股东会或者其他有权决定机构同意申请人变更的决议文件。

（四）拟变更后的主要股东或者实际控制人材料，参照本细则第十条、第十一条规定提供。

（五）出资或者股权转让协议复印件、价格合理性说明和第三方出具的资产评估报告等相关材料。

（六）申请材料真实性声明。

第二十七条 《条例》所称合并是指一家非银行支付机构吸收其他非银行支付机构，合并后只有一家非银行支付机构持有支付业务许可证，其他非银行支付机构解散的行为。合并主体可以获取多家被合并主体全部或者部分业务类型和经营地域范围。

非银行支付机构申请合并的，应当由拟合并主体向其住所所在地中国人民银行的分支机构提交合并申请。

非银行支付机构拟跨省、自治区、直辖市进行合并的，拟合并主体住所所在地中国人民银行的分支机构应当征求拟被合并主体住所所在地中国人民银行的分支机构意见，拟被合并主体住所所在地中国人民银行的分支机构应当自收到征求意见函起10日内，向拟合并主体住所所在地中国人民银行的分支机构出具审查意见，审查意见包括但不限于拟被合并主体备付金安全情况和合规经营情况等。

第二十八条 《条例》所称分立是指一家非银行支付机构将部分资产和负债分离转让给其他一家或者多家企业，分立后仅有一家法人主体持有支付业务许可证的行为。

非银行支付机构申请分立的，应当由原非银行支付机构向拟持证主体住所所在地中国人民银行的分支机构提交分立申请。

非银行支付机构拟跨省、自治区、直辖市进行分立的，拟持证主体住所所在地中国人民银行的分支机构应当征求原非银行支付机构住所所在地中国人民银行的分支机构意见，原非银行支付机构住所所在地中国人民银行的分支机构应当自收到征求意见函起10日内，向拟持证主体住所所在地中国人民银行的分支机构出具审查意见，审查意见包括但不限于原非银行支付机构备付金安全情况和合规经营情况等。

第二十九条 非银行支付机构申请合并或者分立的，应当符合下列条件：

（一）拟合并主体或者拟持证主体符合《条例》及本细则有关规定。

（二）合并或者分立后股权结构稳定，承诺3年内不再变更主要股东或者实际控制人。主要股东改变股权比例且未导致主要股东身份和实际控制人变更，主要股东或者实际控制人死亡、丧失完全民事行为能力或者存在其他无法继续履行职责，执行法院判决、风险处置或者中国人民银行基于审慎监管原则同意再次变更等情形除外。

（三）具有保障用户合法权益、支付业务连续性的方案和措施。

（四）最近3年无重大违法违规记录。

（五）诚信记录良好。

（六）备付金管理机制健全有效。

第三十条 非银行支付机构申请合并的，应当由拟合并主体向住所所在地中国人民银行的分支机构提交下列材料：

（一）书面申请，载明拟合并主体和拟被合并主体的基本情况、变更原因、变更方案等。

（二）拟合并主体和拟被合并主体材料，包括：

1. 营业执照（副本）复印件和支付业务许可证复印件。

2. 无重大违法违规材料，含最近3年无重大违法违规记录承诺，以及其他能够说明没有因涉嫌重大违法违规正在被调查或者处于整改期间的相关材料。

3. 诚信记录良好材料，含企业征信报告，以及其他能够说明诚信记录良好的材料。

4. 备付金安全承诺。

5. 公司合规经营情况说明，含最近3年经营情况、被投诉举报情况、受到行政处罚或者被采取监管措施情况，以及上述相关问题的整改情况。

6. 拟合并主体或者拟被合并主体为国有企业、国有控股企业或者上市企业，变更涉及国有资产转让或者上市公司资产交易依法应当取得相关监管部门批准或者备案的，应当提供批准或者备案文件。

（三）拟合并主体和拟被合并主体股东会或者其他有权决定机构同意拟变更的决议文件。

（四）合并方案和公告，包括业务承接方案和时间安排，用户权益保障、风险控制和舆情应对方案，合并公告样式以及其他需要说明的事项。

（五）拟合并主体资质合规情况材料，包括拟合并主体在注册资本，董事、监事和高级管理人员，主要股东和实际控制人，公司治理结构、内部控制和风险管理制度，经营场所、安全保障措施，以及业务系统、设施和技术等方面符合《条例》及本细则有关规定的材料。

（六）出资方资金来源说明。

（七）拟合并主体主要股东与拟被合并主体主要股东之间的关联关系说明，以及拟合并主体各股东之间的关联关系说明。

（八）合并协议复印件、价格合理性说明和第三方出具的资产评估报告等。

（九）拟被合并主体支付业务终止方案。

（十）股权稳定性承诺书。

（十一）申请材料真实性声明。

第三十一条　非银行支付机构申请分立的，应当向拟持证主体住所所在地中国人民银行的分支机构提交下列材料：

（一）书面申请，载明申请人基本情况、变更原因、变更方案等。

（二）申请人相关材料，包括：

1. 营业执照（副本）复印件和支付业务许可证复印件。

2. 无重大违法违规材料，含最近3年无重大违法违规记录承诺，以及其他能够说明没有因涉嫌重大违法违规正在被调查或者处于整改期间的相关材料。

3. 诚信记录良好材料，含企业征信报告，以及其他能够说明诚信记录良好的相关材料。

4. 备付金安全承诺。

5. 公司合规经营情况说明，含最近3年经营情况、被投诉举报情况、受到行政处罚或者被采取监管措施情况，以及上述相关问题的整改情况。

6. 申请人为国有企业、国有控股企业或者上市企业，变更涉及国有资产转让或者上市公司资产交易依法应当取得相关监管部门批准或者备案的，应当提供批准或者备案文件。

（三）股东会或者其他有权决定机构同意申请人拟变更的决议文件。

（四）分立方案和公告，包括拟持证主体业务承接方案和时间安排，用户权益保障、风险控制和舆情应对方案，分立公告样式以及其他需要说明的事项。

（五）拟持证主体资质合规情况材料，包括拟持证主体在注册资本，董事、监事和高级管理人员，主要股东和实际控制人，公司治理结构、内部控制和风险管理制度，经营场所、安全保障措施，以及业务系统、设施和技术等方面符合《条例》及本细则有关规定的材料。

（六）拟持证主体各股东之间的关联关系说明。

（七）分立协议复印件，财产、债务分割安排合理性说明和第三方出具的资产评估报告等。

（八）股权稳定性承诺书。

（九）申请材料真实性声明。

第三十二条 非银行支付机构申请跨省、自治区、直辖市变更住所的，应当向拟变更后住所所在地中国人民银行的分支机构提交申请。拟变更后住所所在地中国人民银行的分支机构应当征求原住所所在地中国人民银行的分支机构意见，原住所所在地中国人民银行的分支机构应当自收到征求意见函起10日内，向拟变更后住所所在地中国人民银行的分支机构出具审查意见，审查意见包括但不限于非银行支付机构备付金安全情况和合规经营情况等。

第三十三条 非银行支付机构申请跨省、自治区、直辖市变更住所的，应当符合下列条件：

（一）拟变更后的支付业务设施和住所符合《条例》及本细则有关规定。

（二）非银行支付机构经核准的经营地域范围覆盖变更后的住所所在地。

（三）最近3年无重大违法违规记录。

（四）诚信记录良好。

（五）备付金管理机制健全有效。

第三十四条 非银行支付机构申请跨省、自治区、直辖市变更住所的，应当向拟变更后住所所在地中国人民银行的分支机构提交下列材料：

（一）书面申请，载明申请人基本情况、主要股东和实际控制人情况、变更原因、变更方案等。

（二）申请人相关材料，包括：

1. 营业执照（副本）复印件和支付业务许可证复印件。

2. 无重大违法违规材料，含最近3年无重大违法违规记录承诺，以及其他能够说明没有因涉嫌重大违法违规正在被调查或者处于整改期间的相关材料。

3. 诚信记录良好材料，含企业征信报告，以及其他能够说明诚信记录良好的相关材料。

4. 备付金安全承诺。

5. 公司合规经营情况说明，含最近3年经营情况、被投诉举报情况、受到行政处罚或者被采取监管措施情况，以及上述相关问题的整改情况。

（三）股东会或者其他有权决定机构同意申请人拟变更的决议文件。

（四）拟变更后的支付业务设施和住所合规情况材料，参照本细则第十六条、第十七条规定提供。

（五）申请材料真实性声明。

第三十五条 非银行支付机构申请变更业务类型或者经营地域范围的，应当向住所所在地中国人民银行的分支机构提交申请。

非银行支付机构拟新增业务类型或者扩大经营地域范围的，应当参照本章第一节有关规定办理。

非银行支付机构拟缩小经营地域范围的，其住所所在地中国人民银行的分支机构应当征求拟不再展业地中国人民银行的分支机构意见，拟不再展业地中国人民银行的分支机构应当自收到征求意见函起10日内，向非银行支付机构住所所在地中国人民银行的分支机构出具审查意见，审查意见包括但不限于非银行支付机构备付金安全和合规经营情况等。

第三十六条 非银行支付机构申请缩减业务类型或者缩小经营地域范围的，应当符合下列条件：

（一）具有保障用户合法权益、支付业务连续性的方案和措施。

（二）最近3年无重大违法违规记录。

（三）诚信记录良好。

（四）备付金管理机制健全有效。

第三十七条 非银行支付机构申请缩减业务类型或者缩小经营地域范围的，应当向住所所在地中国人民银行的分支机构提交下列材料：

（一）书面申请，载明申请人基本情况、变更原因、变更方案等。

（二）申请人相关材料，包括：

1. 营业执照（副本）复印件和支付业务许可证复印件。

2. 无重大违法违规材料，含最近3年无重大违法违规记录承诺，以及其他能够说明没有因涉嫌重大违法违规正在被调查或者处于整改期间的相关材料。

3. 诚信记录良好材料，含企业征信报告，以及其他能够说明诚信记录良好的相关材料。

4. 备付金安全承诺。

5. 公司合规经营情况说明，含最近3年经营情况、被投诉举报情况、受到行政处罚或者被采取监管措施情况，以及上述相关问题的整改情况。

（三）股东会或者其他有权决定机构同意申请人拟变更的决议文件。

（四）调整方案和公告，包括业务调整方案和时间安排、用户权益保障、风险控制和舆情应对方案、支付业务信息处理方案、调整公告样式和其他需要说明的事项。

（五）涉及业务承接的，应当提交各有关方签订的承接协议复印件，支付业务信息移交协议或者用户身份资料和交易记录移交协议复印件，与承接方的关联关系说明等。若承接方为非银行支付机构的，承接方应当提交承接后备付金安全承诺。

（六）申请材料真实性声明。

第三十八条 非银行支付机构申请变更董事、监事或者高级管理人员的，应当符合下列条件：

（一）拟变更后的董事、监事或者高级管理人员符合《条例》及本细则有关规定。

（二）最近3年无重大违法违规记录，中国人民银行及其分支机构根据审慎监管原则，责令非银行支付机构调整董事、监事或者高级管理人员的除外。

（三）诚信记录良好。

（四）备付金管理机制健全有效。

已经中国人民银行及其分支机构批准的非银行支付机构董事、监事在同一非银行支付机构内调任其他董事、监事职位的，或者高级管理人员在同一非银行支付机构内调任其他高级管理人员职位的，非银行支付机构无需提交变更申请，但应当于变更完成后10日内向住所所在地中国人民银行的分支机构报告调任情况。

第三十九条 非银行支付机构申请变更董事、监事或者高级管理人员的，应当向住所所在地中国人民银行的分支机构提交下列材料：

（一）书面申请，载明申请人基本情况、变更原因、变更前后人员情况等。

（二）申请人相关材料，包括：

1. 营业执照（副本）复印件和支付业务许可证复印件。

2. 无重大违法违规材料，含最近3年无重大违法违规记录承诺，以及其他能够说明没有因涉嫌重大违法违规正在被调查或者处于整改期间的相关材料。

3. 诚信记录良好材料，含企业征信报告，以及其他能够说明诚信记录良好的相关材料。

4. 备付金安全承诺。

5. 公司合规经营情况说明，含最近3年经营情况、被投诉举报情况、受到行政处罚或者被采取监管措施情况，以及上述相关问题的整改情况。

（三）股东会或者其他有权决定机构同意申请人拟变更的决议文件。

（四）拟变更后的董事、监事或者高级管理人员资质合规情况材料，参照本细则第十二条规定提供。

（五）申请材料真实性声明。

第四十条 非银行支付机构申请变更名称的，应当符合下列条件：

（一）拟变更后的名称符合《条例》有关规定。

（二）最近3年无重大违法违规记录。

（三）诚信记录良好。

（四）备付金管理机制健全有效。

第四十一条 非银行支付机构申请变更名称的，应当向住所所在地中国人民银行的分支机构提交下列材料：

（一）书面申请，载明申请人基本情况、变更原因、拟变更的名称等。

（二）申请人相关材料，包括：

1. 营业执照（副本）复印件和支付业务许可证复印件。

2. 无重大违法违规材料，含最近3年无重大违法违规记录承诺，以及其他能够说明没有因涉嫌重大违法违规正在被调查或者处于整改期间的相关材料。

3. 诚信记录良好材料，含企业征信报告，以及其他能够说明诚信记录良好的相关材料。

4. 备付金安全承诺。

5. 公司合规经营情况说明，含最近3年经营情况、被投诉举报情况、受到行政处罚或者被采取监管措施情况，以及上述相关问题的整改情况。

（三）股东会或者其他有权决定机构同意申请人拟变更的决议文件。

（四）申请材料真实性声明。

第四十二条 非银行支付机构申请变更注册资本的，应当符合下列条件：

（一）拟变更后的注册资本符合《条例》及本细则有关规定。

（二）因注册资本变更导致非银行支付机构主要股东和实际控制人变更的，拟变更后的主要股东和实际控制人符合《条例》及本细则有关规定。

（三）最近3年无重大违法违规记录。

（四）诚信记录良好。

（五）备付金管理机制健全有效。

第四十三条 非银行支付机构申请变更注册资本的，应当向住所所在地中国人民银行的分支机构提交下列材料：

（一）书面申请，载明申请人基本情况、变更原因、变更方案、变更前后注册资本和股权结构情况等。

（二）申请人相关材料，包括：

1. 营业执照（副本）复印件和支付业务许可证复印件。

2. 无重大违法违规材料，含最近3年无重大违法违规记录承诺，以及其他能够说明没有因涉嫌重大违法违规正在被调查或者处于整改期间的相关材料。

3. 诚信记录良好材料，含企业征信报告，以及其他能够说明诚信记录良好的相关材料。

4. 备付金安全承诺。

5. 公司合规经营情况说明，含最近3年经营情况、被投诉举报情况、受到行政处罚或者被采取监管措施情况，以及上述相关问题的整改情况。

（三）股东会或者其他有权决定机构同意申请人拟变更的决议文件。

（四）拟增加注册资本的，应当提供资金来源说明。

（五）申请材料真实性声明。

第四十四条 非银行支付机构同时涉及多项变更事项的，应当按照《条例》及本细则有关规定一次性提出申请。多项变更事项涉及相同申请材料的，非银行支付机构无需重复提交。

多项变更事项同时涉及由中国人民银行和中国人民银行的分支机构决定的，由中国人民银行的分支机构受理、初步审查后报中国人民银行审查、决定。

第四十五条 非银行支付机构申请变更本细则第二十一条第一款第一项至第四项事项，系统重要性非银行支付机构申请变更本细则第二十一条第一款第五项事项的，中国人民银行的分支机构应当自受理申请之日起初步审查，并将非银行支付机构变更申请材料、行政许可受理通知书和初步审查意见报送中国人民银行。中国人民银行自中国人民银行的分支机构受理申请之日起3个月内作出批准或者不予批准的决定。

非系统重要性非银行支付机构申请变更本细则第二十一条第一款第五项事项的，中国人民银行的分支机构应当自受理申请之日起3个月内作出批准或者不予批准的决定，并及时将决定抄报中国人民银行。

非银行支付机构申请变更本细则第二十一条第一款第六项事项的，中国人民银行的分支机构应当自受理申请之日起1个月内作出批准或者不予批准的决定，并及时将决定抄报中国人民银行。

非银行支付机构同时涉及多项变更事项的，适用较长审查期限。

第四十六条 非银行支付机构应当根据准予行政许可决定及时办理变更事项，于变更完成后10日内向中国人民银行的分支机构书面报告完成情况。

非银行支付机构未能根据准予行政许可决定在90日内办理变更事项的，应当将未变更原因、后续工作安排等情况书面报告中国人民银行的分支机构。未书面报告或者报告理由不充分的，中国人民银行的分支机构可以区别不同情形采取约谈、责令整改等措施。

第三节　终　止

第四十七条　非银行支付机构申请终止支付业务的，应当向住所所在地中国人民银行的分支机构提交下列材料：

（一）书面申请，载明公司基本情况、支付业务开展情况、拟终止支付业务类型和终止原因等。

（二）营业执照（副本）复印件和支付业务许可证复印件。

（三）股东会或者其他有权决定机构同意申请人拟终止支付业务的决议文件。

（四）支付业务终止方案。

中国人民银行的分支机构依法受理符合要求的申请，自受理申请之日起20日内初步审查完毕，并将申请材料和初步审查意见报送中国人民银行。中国人民银行自收到中国人民银行的分支机构报送的申请材料和初步审查意见之日起20日内，作出批准或者不予批准的决定。准予终止的，非银行支付机构应当按相关规定完成支付业务终止工作，交回支付业务许可证。

第四十八条　本细则第四十七条所称支付业务终止方案应当包括下列内容：

（一）支付业务终止整体安排。

（二）支付业务的资金和信息承接方情况，以及申请人与承接方关联关系说明。

（三）支付业务终止公告内容和公告方式。

（四）用户合法权益保障方案。

（五）支付业务信息处理方案。

（六）重大和突发事件应急预案。

（七）与承接方签订的支付业务信息、用户身份资料和交易记录移交协议，备付金承接协议。

用户合法权益保障方案应当包含对用户知情权、隐私权和选择权的保护措施，明确告知用户终止支付业务的原因、停止受理用户委托支付业务的时间、拟终止支付业务的后续安排；明确用户身份资料和交易记录的接收机构、移交安排、销毁方式和监督安排；明确备付金处理方案。

支付业务信息处理方案，应当明确支付业务信息的接收机构、移交安排、销毁方式和监督安排。

第四节　许可证及分支机构管理

第四十九条　非银行支付机构应当在经营场所显著位置公示支付业务许可证原件。非银行支付机构有官方网站的，还应当在官方网站主页显著位置公示其支付业务许可证的影像信息。

非银行支付机构分支机构应当在经营场所显著位置公示加盖法人公章的支付业务许可证复印件。

第五十条　支付业务许可证因不可抗力灭失、损毁的，非银行支付机构应当自其确认支付业务许可证灭失、损毁之日起 10 日内，采取下列一种或者多种方式连续公告 3 日：

（一）在住所所在地省级有影响力的报刊上公告。

（二）在非银行支付机构官方网站上公告。

（三）其他有效便捷的公告方式。

公告发出日期以最后张贴或者刊登日期为准。公告的具体内容应当包括公告事由、机构名称、住所、联系电话、声明原支付业务许可证作废等。公告的知晓范围应当至少覆盖非银行支付机构的经营地域范围。

第五十一条　非银行支付机构应当自公告支付业务许可证灭失、损毁结束之日起 10 日内持已公告材料向住所所在地中国人民银行的分支机构重新申领支付业务许可证。

中国人民银行的分支机构自收到申请材料之日起 10 日内完成初步审核，并将申请材料和初步审核意见报送中国人民银行。中国人民银行自收到中国人民银行的分支机构报送的相关材料之日起 20 日内为非银行支付机构补发支付业务许可证。

第五十二条　非银行支付机构支付业务许可证要素发生变化的，应当向住所所在地中国人民银行的分支机构申请换发支付业务许可证。

中国人民银行的分支机构自收到申请材料之日起 10 日内完成初步审核，并将申请材料和初步审核意见报送中国人民银行。中国人民银行自收到中国人民银行的分支机构报送的相关材料之日起20日内为非银行支付机构换发支付业务许可证。

第五十三条 非银行支付机构根据《条例》第十二条设立分支机构的，应当分别向非银行支付机构法人及其分支机构住所所在地中国人民银行的分支机构备案，并提交下列材料：

（一）非银行支付机构法人的法定代表人签署的书面报告，包括分支机构名称、公司治理架构、拟从事的支付业务类型等。

（二）加盖法人公章的支付业务许可证复印件。

（三）分支机构营业执照（副本）复印件。

（四）分支机构住所和管理人员相关材料。

非银行支付机构分支机构备案材料发生变更的，应当在变更完成后10日内向法人及其分支机构住所所在地中国人民银行的分支机构更换备案材料。

非银行支付机构分支机构拟在其备案地终止已备案的所有或者部分支付业务的，应当于终止支付业务前向法人和分支机构住所所在地中国人民银行的分支机构报告。

第五十四条 本细则对行政许可程序未作规定的事项，适用法律、行政法规和中国人民银行关于行政许可的相关规定。

第三章 支付业务规则

第五十五条 《条例》所称储值账户运营分为储值账户运营Ⅰ类和储值账户运营Ⅱ类；支付交易处理分为支付交易处理Ⅰ类和支付交易处理Ⅱ类。

（一）原《非金融机构支付服务管理办法》规定的互联网支付，或者同时开展原《非金融机构支付服务管理办法》规定的互联网支付和移动电话支付（固定电话支付、数字电视支付）的，归入储值账户运营Ⅰ类。支付业务许可证登记的业务类型对应调整为储值账户运营Ⅰ类。

（二）原《非金融机构支付服务管理办法》规定的预付卡发行与受理、预付卡受理归入储值账户运营Ⅱ类，经营地域范围不变。支付业务许可证登记的业务类型对应调整为储值账户运营Ⅱ类（经营地域范围）、储值账户运营Ⅱ类（仅限于线上实名支付账户充值）、储值账户运营Ⅱ类（仅限于经营地域范围预付卡受理）。

（三）原《非金融机构支付服务管理办法》规定的银行卡收单归入支付交易处理Ⅰ类，经营地域范围不变。支付业务许可证登记的业务类型对应调整为支付交易处理Ⅰ类（经营地域范围）。

（四）仅开展原《非金融机构支付服务管理办法》规定的移动电话支付、固定电话支付、数字电视支付，不开展互联网支付的，归入支付交易处理Ⅱ类。支付业务许可证登记的业务类型对应调整为支付交易处理Ⅱ类。

第五十六条 《条例》所称合规管理制度、内部控制制度、业务管理制度、风险管理制度应当全面、完整反映法律、行政法规、中国人民银行规章和规范性文件的监管规定。

第五十七条 《条例》所称突发事件应急预案应当包括下列内容：

（一）支付业务系统连续性保障应急预案。

（二）备付金风险应急预案。

（三）用户信息泄露风险应急预案。

（四）其他可能危及非银行支付机构正常经营，损害用户合法权益的风险事件应急预案。

第五十八条 《条例》所称用户权益保障机制，是指保障用户财产安全权、知情权、自主选择权、公平交易权、受尊重权、信息安全权等基本权利的内控制度和工作机制。

用户权益保障机制包括用户信息安全保护机制、重要信息披露机制、投诉处理机制、损失赔付机制、支付业务终止过程中用户权益保障方案等。

中国人民银行及其分支机构按照法定职责和监管权限依法接收转办或者办理非银行支付机构用户投诉、信访、举报事项。

第五十九条 根据《条例》第二十八条，非银行支付机构净资产最低限额以备付金日均余额为计算依据，采取超额累退方式按照下列标准确定：

（一）备付金日均余额不超过500亿元人民币的部分，按照5%计算。

（二）备付金日均余额超过500亿元人民币至2000亿元人民币的部分，按照4%计算。

（三）备付金日均余额超过2000亿元人民币至5000亿元人民币的部分，按照3%计算。

（四）备付金日均余额超过5000亿元人民币至10000亿元人民币的部分，按照2%计算。

（五）备付金日均余额超过10000亿元人民币的部分，按照1%计算。

非银行支付机构净资产最低限额应当不低于按照本条第一款第一项至第五项规定计算的加总值。

中国人民银行可以根据支付市场发展实际，动态调整前款比例的具体数值。

第六十条 系统重要性非银行支付机构应当根据中国人民银行有关规定，结合业务规模等因素，满足附加要求。

系统重要性非银行支付机构管理办法由中国人民银行另行制定。

第六十一条 非银行支付机构应当对用户身份资料自业务关系结束后或者一次性交易结束后至少保存5年，对交易记录自交易结束后至少保存5年。

司法机关正在调查的可疑交易或者违法犯罪活动涉及用户身份资料和交易记录，且相关调查工作在前款规定的最低保存期届满时仍未结束的，非银行支付机构应当将其保存至调查工作结束。

法律、行政法规对用户身份资料和交易记录有更长保存期限要求的，从其规定。

第六十二条 非银行支付机构调整支付业务的收费项目或者收费标准的，原则上应当至少于调整施行前30个自然日，在经营场所、官方网站、公众号等醒目位置，业务办理途径的关键节点，对新的支付业务收费项目或者收费标准进行持续公示，在办理相关业务前确认用户知悉、接受调整后的收费项目或者收费标准，做好协议换签或者补签等相关工作，并保留用户同意的记录。

第四章 监督管理

第六十三条 《条例》第四十一条、第四十三条所列事项报告程序和要求适用中国人民银行关于非银行支付机构重大事项报告、网络安全风险和事件报告管理的有关规定。

第六十四条 非银行支付机构变更法定代表人、住所（同省、自治区、直辖市）、公司章程的，应当在变更完成后10日内向住所所在地中国人民银行的分支机构报告。报告材料包括变更报告、变更后的公司章程和营业执照（副本）复印件等。

非银行支付机构变更受益所有人的，应当在变更完成后10日内向住所所在地中国人民银行的分支机构报告。

上市非银行支付机构变更非主要股东的，应当于每季度初10日内向住所所在地中国人民银行的分支机构报告。其他非银行支付机构变更非主要股东的，应当在变更完成后10日内向住所所在地中国人民银行的分支机构报告。

非银行支付机构应当对变更事项的合法性、真实性、有效性负责，积极配合中国人民银行的分支机构开展股权穿透式监管，不得瞒报、虚报、漏报。中国人民银行的分支机构对非银行支付机构变更事项存在疑问的，可以要求非银行支付机构补充说明。

第六十五条 中国人民银行的分支机构应当加强属地管理，对非银行支付机构股权实施持续监管和穿透式监管，及时掌握对非银行支付机构经营管理可能产生重大影响的非主要股东或者受益所有人变化情况，防范非主要股东或者受益所有人通过一致行动安排等方式规避监管。

第六十六条 中国人民银行及其分支机构应当加强非银行支付机构行政许可事项办理过程记录，完善非银行支付机构行政许可事项案卷管理制度，妥善保存非银行支付机构行政许可材料、审查记录、核实记录和相关证据材料等。

第六十七条 中国人民银行及其分支机构按照中国人民银行关于执法检查的相关规定，依法对非银行支付机构实施现场检查和非现场检查。

第六十八条 《条例》所称擅自设立非银行支付机构、从事或者变相从事支付业务，是指未经中国人民银行批准，根据用户提交的电子支付指令转移货币资金等情形，以及中国人民银行在有关业务规则中认定的其他情形。

第五章　法律责任

第六十九条 非银行支付机构违反《条例》有关规定的，中国人民银行及其分支机构可以依据《条例》进行处罚。

第七十条 未经依法批准，擅自设立非银行支付机构、从事或者变相从事支付业务的，中国人民银行指导中国人民银行的分支机构依法予以取缔。中国人民银行及其分支机构可以依据《条例》进行处罚。涉嫌构成犯罪的，依法移送司法机关追究刑事责任。

第七十一条 非银行支付机构主要股东、控股股东、实际控制人违反《条例》有关规定的，中国人民银行及其分支机构可以依据《条例》进行处罚。

第七十二条 非银行支付机构违反本细则第五十九条规定的，中国人民银行及其分支机构可以依据《条例》第四十九条第二项规定进行处罚。

第六章 附则

第七十三条 《条例》施行前已按照有关规定设立的非银行支付机构，应当在过渡期结束前达到《条例》及本细则关于非银行支付机构设立条件以及净资产与备付金日均余额比例的规定。其他规定自本细则施行之日起执行。

各非银行支付机构的过渡期为本细则施行之日至其支付业务许可证有效期截止日，过渡期不满 12 个月的，按 12 个月计。

第七十四条 《条例》施行之日起，各类支付业务规则暂沿用预付卡、网络支付、条码支付、银行卡收单等现行制度规定。中国人民银行现行制度文件中涉及非银行支付机构支付业务类型的有关规定，按本细则第五十五条规定的对应关系调整后执行。

第七十五条 《条例》所称主要股东，是指出资额占非银行支付机构资本总额 10% 以上或者其持有的股份占非银行支付机构股本总额 10% 以上的股东；以及出资额或者持有股份的比例虽然不足 10%，但对非银行支付机构经营管理有重大影响的股东。

前款所称重大影响，包括通过协议，向非银行支付机构派驻董事、监事或者高级管理人员，或者以其他方式影响非银行支付机构的财务和经营管理决策，以及中国人民银行认定的其他情形。

本细则中的“日”均为工作日，“月”均为自然月，“以上”均含本数或者本级。

本细则所称合并主体，是指整体承接其他一家或者多家非银行支付机构支付业务并继续持有支付业务许可证的非银行支付机构。

本细则所称被合并主体，是指合并后注销支付业务许可证并解散的非银行支付机构。

本细则所称持证主体，是指分立后持有支付业务许可证并继续开展支付业务的非银行支付机构。

本细则所称净资产，是指非银行支付机构经会计师事务所审计的财务会计报告上所载的上一年度末净资产数值。

本细则所称备付金日均余额，是指最近 1 个自然年度（1 月 1 日至 12 月 31 日）内非银行支付机构每个自然日日终备付金余额的平均值。

第七十六条 本细则由中国人民银行解释。

第七十七条 本细则自发布之日起施行。《非金融机构支付服务管理办法》（中国人民银行令〔2010〕第 2 号发布）、《非金融机构支付服务管理办法实施细则》（中国人民银行公告〔2010〕第 17 号公布）同时废止。

中国人民银行有关部门负责人就《非银行支付机构监督管理条例实施细则》有关问题答记者问

一、请简要介绍一下《实施细则》的起草背景和原则。

《非银行支付机构监督管理条例》（以下简称《条例》）是中央金融工作会议之后出台的金融领域首部行政法规，旨在全面加强非银行支付机构（以下简称支付机构）事前事中事后、全链条全领域监管，对支付机构的准入、业务规则、监管职责等作出了总体规定。《非银行支付机构监督管理条例实施细则》（以下简称《实施细则》）作为《条例》配套的重要部门规章，进一步细化有关规定，确保《条例》可落地、可操作、可实施，推动行业规范健康发展。

在起草过程中，主要把握以下原则：一是坚持依法行政。细化《条例》有关行政许可事项工作要求，推动行政许可工作依据充分、流程规范、公开透明。优化变更事项审批程序，提升审批效率。二是坚持稳中求进。保持监管工作的延续性和宏观政策取向一致性，明确新旧支付业务衔接方式，设置较为充足的过渡期，确保平稳过渡。三是坚持规范与发展并重。统筹发展与安全，结合市场实际，合理适度提高注册资本和净资产要求，提升支付机构风险防御能力，引导其回归本源，提高服务实体经济质量和水平。

二、《实施细则》的主要内容是什么?

《实施细则》共设置六章、七十七条。第一章《总则》，明确制定依据和监管权限。第二章《设立、变更与终止》，明确支付机构相关行政许可事项的申请材料、办理程序和时限要求，规定支付业务许可证管理、分支机构备案等事项。第三章《支付业务规则》，细化支付业务分类方式和新旧分类衔接关系、制度完备性、净资产与备付金日均余额比例要求等。第四章《监督管理》，明确重大事项和风险事件报告、执法检查等适用的程序规定，强化支付机构股权穿透式监管。第五章《法律责任》，明确中国人民银行及分支机构对支付机构及其主要股东、控股股东、实际控制人违规行为的处罚权限和措施等。第六章《附则》，主要规定过渡期安排等。

三、《实施细则》对支付机构设置了不同的过渡期时长，有何考虑？

根据《非金融机构支付服务管理办法》（中国人民银行令〔2010〕第2号），支付机构支付业务许可证有效期为5年。由于各支付机构设立时间不同，支付业务许可证到期日也不同。为保障行政许可相对人权利，《实施细则》将过渡期设置为《实施细则》施行日至支付业务许可证有效期截止日。《条例》施行前已设立的支付机构，拟继续从事核准的部分或全部支付业务的，应当向中国人民银行申请换发长期有效的支付业务许可证。此外，个别支付机构需要一定时间调整以满足净资产有关要求，为确保平稳过渡，《实施细则》对净资产与备付金日均余额比例要求也设置了同等时长的过渡期。

考虑到17家支付机构支付业务许可证分别于2024年7月9日和2025年3月25日到期，距离《实施细则》施行日较近，为保障这两批次支付机构具有充足的准备时间，《实施细则》将其过渡期放宽至12个月。

四、《实施细则》出台后，中国人民银行后续工作安排有哪些？

中国人民银行将严格落实《条例》和《实施细则》有关规定，加强对非银行支付行业的全链条监管，提升法治化、规范化水平，以服务实体经济为本，更好保护用户合法权益。一是开展宣传解读，及时答疑解惑，回应各方关切。二是抓紧完善相关制度规范，在充分征求各方意见的基础上做好相关制度文件立改废释工作，确保各项制度有效衔接。三是强化贯彻落实。根据有关工作安排，依法按程序开展支付业务许可证换发工作，督促支付机构坚守合规底线，推动非银行支付行业健康可持续发展。

中国人民银行举行
“推动支付行业高质量发展”媒体吹风会

中国人民银行于2024年7月26日举行“推动支付行业高质量发展”媒体吹风会，支付结算司司长严芳、条法司一级巡视员刘晓洪、货币金银局副局长张萌、国家外汇局经常项目管理司副司长张玉青出席并回答记者提问。办公厅副主任李克歆主持媒体吹风会。以下为文字实录。

李克歆：各位媒体朋友，大家下午好！欢迎参加中国人民银行媒体吹风会。今天吹风会的主题是“推动支付行业高质量发展”。

近年来，中国人民银行深入贯彻落实党中央、国务院决策部署，持续推动支付行业高质量发展。去年12月，国务院公布了《非银行支付机构监督管理条例》，这是中央金融工作会议后金融领域出台的首部行政法规。不久前，党的二十届三中全会对深化金融体制改革作出全面部署，中国人民银行立即部署贯彻落实举措。近日，人民银行出台了《非银行支付机构监督管理条例实施细则》，刚刚已在网站上发布。

在不断完善法治建设的同时，中国人民银行始终践行“支付为民”理念，持续提升支付服务便利度和普惠水平，着力优化老年人、外籍来华人员等群体的支付服务。今年2月，潘功胜行长主持召开优化支付服务推进会以来，人民银行与有关部门和地方高效协同，完善多层次、多元化的支付服务体系，为老年人、外籍来华人员提供更加优质、高效、便捷的支付服务，不到半年的时间已经取得了积极的成效。

今天，我们邀请中国人民银行支付结算司司长严芳女士、条法司一级巡视员刘晓洪先生、货币金银局副局长张萌先生、国家外汇局经常项目管理司副司长张玉青女士，请他们为大家介绍上述有关情况。

首先，请严芳司长介绍情况。

严芳：谢谢主持人，感谢大家一直以来对支付工作的关心和支持，今天借此机会向大家介绍一下有关情况。

去年12月，国务院公布了《非银行支付机构监督管理条例》，强化了支付机构事前事中事后、全链条全领域监管，建立了非银行支付领域基础性、纲领性的制度框架。为落实《条例》，人民银行在广泛调研和深入论证基础上，起草并于近日发布了《条例》的实施细则。《实施细则》作为《条例》配套的部门规章，进一步细化和明确了行政许可要求、新旧业务衔接方式、过渡期安排等内容，确保《条例》可落地、可操作、可实施。

下一步，人民银行将继续坚持“支付为民”理念，督促支付机构落实好《条例》和《实施细则》有关规定，推动支付行业高质量发展。

同时，各位记者也普遍关注提升外籍来华人员、老年人支付便利性工作。党中央、国务院高度重视支付便利工作。党的二十届三中全会审议通过了《中共中央关于进一步全面深化改革、推进中国式现代化的决定》，提出完善境外人员入境居住、医疗、支付等生活便利制度。今年3月，国务院办公厅印发《关于进一步优化支付服务　提升支付便利性的意见》，对支付便利工作提出了明确而全面的要求。

人民银行坚决贯彻落实党中央、国务院决策部署，将优化支付服务工作作为重点工作狠抓落实，坚持问题导向，聚焦堵点难点，强化工作协同，着重做好以下几方面工作：首先，构建推动支付便利化工作的政策框架。我们以国办《意见》为基础，与文旅部、商务部、交通部、国铁集团、民航局等十多个部门通过联合发文或出台工作方案，细化配套措施，同时加强和地方政府的协调，推动出台28个省级工作方案，构建了便利化工作的“四梁八柱”，形成了支付服务供给方和需求方相互配合、共同推动的立体化工作局面。其次，坚持问题导向，明确工作重点。我们深入分析研究境内外人员的支付方式，在尊重外籍来华人员、老年人等群体支付习惯的基础上，提出优化外卡受理、加强现金服务、提升移动支付便利性、完善账户服务等重点任务，并先后在重点城市和全国范围内推动这几项重点工作落地见效，增强支付服务的包容性。再次，建立科学的工作机制。我们聚焦重点地区、重点场所，抓住国际机场等关键环节，发挥以点带面的作用，推动支付便利性整体提升。同时，为保证工作质效，我们对重点城市和全国36

个省会、直辖市等开展了多轮暗访摸排，建立反馈机制，及时发现问题，解决问题。最后，提升我国支付服务的认知度。在此，我要特别感谢记者朋友对我们这项工作的支持。我们通过国新办的政策例行吹风会、“两会”记者会等做好权威发布，开设了优化支付服务专栏进行官方的宣传，制作了中、英、法等八个语种的《在华支付指南》及宣传视频，并广泛投放，方便外籍来华人员、老年人了解有关支付信息。

在各方的大力支持下，经过5个月的努力，支付便利化工作取得了积极的成效。目前，外籍来华人员、老年人等群体可以灵活地选择银行卡、现金、移动支付等多样化的方式，在各类场景进行支付，支付的便利性明显提升。

一是境外银行卡刷卡支付更加便利。人民银行会同相关行业主管部门，结合来华人员动线轨迹，划定商圈、景区、机场、酒店等重点场所、重点商户，加快推进境外银行卡受理改造。目前，重点商户的外卡受理覆盖率大幅提高，受理环境显著改善。据主要银行卡组织统计，2024 年 6 月，境外银行卡支付 161 万笔，金额 29 亿元，交易量较 2 月基本翻番。

二是移动支付接受度大幅提升。我们指导支付机构在做好风险防控的基础上，扩大了“外卡内绑”和“外包内用”的业务范围，优化业务流程，大幅提升交易限额，开展用户分层认证试点，改善使用体验。外籍来华人员可直接使用境外手机号注册支付宝、微信，并绑定境外银行卡进行支付；新加坡、马来西亚、泰国、韩国、蒙古国等 9 地入境人员还可以直接使用境外电子钱包扫码支付。外籍来华人员使用移动支付的意愿大幅提高。2024 年上半年，超 500 万入境人员使用移动支付，同比增长 4 倍；交易 9000 多万笔，金额 140 多亿元，均同比增长 7 倍。

三是外币兑换需求得到有效保障，现金使用环境持续优化。外籍来华人员可以在全国 6.7 万个银行网点、4200 多个外币兑换设施、32 万台 ATM 方便地兑换人民币。我们还以“零钱包”等方式，加大了现金特别是零钞的供应，持续整治拒收人民币现金违法行为。2024 年上半年，我国现金投放同比增长 6%，其中 20 元以下零钞投放增长 30%，现金兜底作用明显提升。

四是境外来华人员开户更加便捷。我们组织各个银行推行简易开户政策，完善多语言的开户服务，外籍来华人员持护照等有效证件就可以便捷地开立境内银行账户，流程大幅缩短，体验明显提升。

尽管优化支付服务工作取得了积极成效，但是从暗访摸排的情况来看，各地区、各领域支付服务水平还不够均衡，各类群体的支付需求还没有完全得到满足。下一步，人民银行将继续深入贯彻党中央、国务院决策部署，进一步发挥立体化工作格局的作用，提升工作的精准性、科学性和可持续性，不断完善多层次、多元化的支付服务体系，以支付小切口推动服务大提升，便利外籍来华人员和老年人等群体支付，提高支付服务水平。

李克歆：下面请张萌副局长介绍情况。

张萌：各位记者媒体朋友，大家下午好。首先感谢大家一直以来对现金支付服务工作的支持和关注。下面我介绍一下优化现金支付服务的情况。中国人民银行坚持问题导向，不断优化改善现金使用环境，充分发挥现金兜底作用，为公众提供更加普惠、便捷、可靠的现金服务。

一是凝聚支持现金支付的共识。强化宣传引导，围绕维护人民币法定地位，保护公众支付选择权的主题开展多种形式的宣传。引导经营主体强化现金法偿观念，充分考虑老年人、外籍来华人士等群体的需求，自觉支持现金支付。针对外籍来华人士在机场、旅游度假区等高频活动地区开展双语宣传，告知现金获取渠道，积极推动在滴滴出行、高德地图、交通广播台等渠道提示出租司机备足零钱，支持现金支付，组织面向公众发送公益短信近 3.3 亿条，在农村地区利用乡镇集市、普惠金融服务工作站开展宣传，取得较好成效。

二是充分保障公众用现需求。加强对现金运行趋势和现金使用规律的研究，着力完善人民币生产供应体系，科学制定人民币产品印制计划，加大小面额人民币生产和投放力度。2024 年上半年投放 20 元及以下面额现金 809 亿元，同比增长 30%。

三是系统提升现金服务水平。督促银行业金融机构保持现金服务窗口、自助现金机具处于合理规模。做好网点现金提取工作，提供必要的适老化设施，结合老年人群体存取现金的特点，提前做好服务安排。积极引导银行业金融机构走出网点，准确对接需求，着力打造渠道多样、配置灵活、获取便利、覆盖广泛的常态化零钞服务模式，针对出租车、个体工商户等找零难的问题，提供上门兑换、网点即来即兑等多种形式的零钱包服务，对零钞需求较大的医院、大型商超、交通枢纽等单位主动上门走访，登记需求，提供收款配款服务，达到 59 万余次。

四是着力维护现金流通秩序。依托银行网点建成并巩固 14 万个网格责任区，精准对接15类重点行业经营主体，深入开展排查和暗访，了解经营主体现金收付条件和零钞备付情况，发现并及时解决问题。截至2024年6月底，累计排查经营主体2362.7万个，暗访经营主体22万个，发现问题698个并组织解决。对摸排中发现并确认的拒收现金的行为，依法严肃查处，强化震慑作用。

中国人民银行各分行对全国约9.4万家经营主体暗访发现，支持现金支付的经营主体占比为99.3%。支付便利化专班暗访17个重点城市、3000余家经营主体显示，支持现金支付的经营主体占比为99.4%，零钱备付充足的经营主体占比为91.9%，现金收付环境显著优化。

下一步，中国人民银行将深入贯彻党中央、国务院决策部署，围绕现金兜底总体目标，久久为功，强化部门间协同治理，规范各类场景的现金收付行为，形成常态化、可持续的现金服务机制，持续优化现金使用环境。

谢谢大家！

李克歆：下面请张玉青副司长介绍情况。

张玉青：谢谢主持人。各位记者朋友，大家下午好！非常感谢大家一直以来对外汇局工作的大力支持。下面由我来为大家介绍外汇局在提升外籍来华人员支付便利方面的工作情况。

为贯彻落实党中央、国务院关于提升外籍来华人员支付便利的决策部署，外汇局配合人民银行，按照“大额刷卡、小额扫码、现金兜底”的工作思路，通过便利移动扫码和线上网购支付、提升外币兑换服务水平，优化用汇综合服务等措施，提升外籍来华人员支付服务满意度和获得感。

在移动支付方面，外汇局聚焦外籍来华人员旅游、工作、生活中的难点、堵点，会同人民银行指导支付宝、财付通等主要支付机构，优化业务流程，简化身份验证，提高绑卡效率，将单笔交易限额由1000美元提高到5000美元，并将年累计交易限额由1万美元提高到5万美元，以便利外籍人员扫码支付打车、餐饮、购物等日常消费。同时，将优质商户“白名单”扩大至近千家，保障住宿、教育、医疗、公共事业等特定场景下真实合理的移动支付需求。2024年3月以来，“外卡内绑”移动支付业务规模月均环比增速约为40%。此外，国家外汇局推进更多银行落地线上外卡收单业务，为外籍人员在境内线上平台购物消费提供外卡支付服务，指导银行规范开展旅行通卡等创新业务，进一步丰富外籍来华人员支付服务渠道。

在外币兑换方面，外汇局深入分析外籍来华人员支付方式和习惯，聚焦重点场景集中发力。例如，国际机场、港口等是外籍人员来华入境“首站”；酒店是外籍人员入境后“食、住、行、游、购、娱、医”等各类消费场景交汇点；旅游景区也是外籍人员密集支付消费需求的场景。针对这些重要场景，外汇局推动增加外币兑换机构和设施，提升外币兑换服务质量。目前，全国重点国际机场、四星级以上酒店、重要旅游景区、旅游度假区和休闲街区已基本实现外币兑换服务全覆盖。

谢谢大家!

李克歆：下面进入提问环节，提问前请通报一下所在的新闻机构。

《上海证券报》记者：《实施细则》是对《非银行支付机构监督管理条例》的配套细化，请介绍一下有关起草过程及主要内容，谢谢。

刘晓洪：谢谢您的提问，这个问题由我来回答。

党中央、国务院高度重视非银行支付行业风险防控和高质量发展。2023 年 12 月，国务院公布《非银行支付机构监督管理条例》。为保障《条例》落地实施，中国人民银行研究起草了《非银行支付机构监督管理条例实施细则》，在充分征求社会各界意见的基础上，现已出台。

《实施细则》共六章、七十七条。第一章总则，明确制定依据和监管权限。第二章设立、变更与终止，明确支付机构相关行政许可事项的申请材料、办理程序和时限要求，规定支付业务许可证管理、分支机构备案等事项。第三章支付业务规则，细化支付业务分类方式和新旧分类衔接关系、制度完备性、净资产与备付金日均余额比例要求等。第四章监管管理，明确重大事项和风险事件报告、执法检查等适用的程序规定，强化支付机构股权穿透式监管。第五章法律责任，明确中国人民银行及分支机构对支付机构及其主要股东、控股股东、实际控制人违规行为的处罚权限和措施等。第六章附则，主要规定过渡期安排等。

新华社记者：《非银行支付机构监督管理条例》将支付业务重新划分为储值账户运营和支付交易处理两类，《实施细则》提出了哪些管理要求？可能带来哪些影响？

严芳：谢谢您的提问，这个问题我来回答。《条例》坚持功能监管理念，从业务实质出发，根据能否接收付款人预付资金，将支付业务重新划分为储值账户运营和支付交易处理两类，并分别从保障资金和信息安全两个方面提出监管要求。新的分类方式具有更好的扩展性，为支付行业的发展和技术迭代提供了更大的空间，无论支付业务外在表现形式如何，均可按照实质进行归类和管理，有利于实现“同业务、同监管”，促进公平竞争。

《实施细则》明确了新旧支付业务类型的“一一对应”关系，各类旧业务类型均可归入新业务分类中，不改变支付机构原有的经营范围。同时，各种新业务类型也可以根据《条例》和《实施细则》等有关规定，找到适用的业务规则，确保“有法可依”。人民银行正在根据新的业务分类方式，抓紧修订和完善现行制度，后续将按照立法程序有关规定，充分征求、吸收各方意见之后再推动出台。

总台央视财经记者：今年上半年入境外籍人员人数同比大幅度提升，来华的热度也在持续升温，请问外籍人员来华之后在交通出行、旅游购物等场景下可以使用哪些支付方式和支付服务，并且可以通过哪些渠道获得相关信息？

严芳：感谢你的提问，这个问题由我回答。

国办《意见》印发之后，我们联合相关部门增设了支付服务软硬件设施，优化支付服务体验，全方位提升支付便利性，着力增强支付环境的包容性、兼容性。目前，外籍来华人员可以灵活选择银行卡、移动支付、现金等方式。

习惯使用银行卡的外籍人员，可以在机场、酒店、大型商圈等重点场所使用境外银行卡支付。习惯移动支付的外籍人员，可以直接使用境外手机号注册微信、支付宝，绑定境外银行卡支付；新加坡、马来西亚、泰国、韩国等地入境人员还可以直接使用当地的电子钱包扫码支付，不需要下载其他手机应用。习惯使用现金的外籍人员，可以在机场等口岸站点通过外币兑换机构、自助兑换机、ATM兑换人民币，也可以在银行网点、星级酒店等兑换，并在各类场所使用现金支付。对于景区、公共交通、出租车等外籍人员常去的场所，我们联合文旅、交通等部门提供多样化的支付方式，例如，在景区保留人工售票窗口，支持银行卡刷卡购票，开通英文版线上订票页面，支持外卡线上支付。在重点地铁站人工售票窗口布设POS机，支持外卡受理。引导出租车司机带零钞上路，组织商业银行向出租车司机提供“零钱包”。

前期，我们制作了《在华支付指南》和配套的视频，对上述支付方式和使用流程进行了详细的介绍。《在华支付指南》及视频通过网站、公众号及纸质折页进行了投放，来华人员可以便捷获取。为了让外籍来华人员在第一时间、第一地点全面了解我国的支付服务，解决支付需求，我们充分发挥机场入境第一站的作用，在国际航班比较多的重点机场建设了支付服务示范区，外籍人员可在示范区获取支付服务的相关信息，咨询“外卡内绑”“外包内用”等移动支付服务，办理外币兑换、外卡取现等业务，部分示范区还可以提供电话卡、公交卡的办理和旅游咨询等其他服务。

谢谢。

《21 世纪经济报道》记者：现在移动支付已经是人们生活中的主要支付方式了，一些商家出于成本或者便利化的考虑，不愿意接受现金支付，人民银行对已经发现的拒收现金的行为会采取怎样的措施，公众遇到类似的情况应该怎么办？

张萌：谢谢您的提问，下面我来回答这个问题。

人民币是我国的法定货币，《中国人民银行法》规定，以人民币支付中华人民共和国境内的一切公共和私人债务，任何单位和个人不得拒收。为维护人民币法定货币地位，保证现金支付畅通，保障公众的支付选择权，人民银行在积极开展宣传引导工作的同时，加大了对拒收人民币现金行为的处罚力度。我们持续畅通投诉举报渠道，加强巡查暗访，逐一核实拒收现金线索，2024 年上半年对 7 起公众关注度高、影响范围大的拒收人民币行为违法案件实施了行政处罚，并会同国家发展改革委公开曝光。对 57 起情节轻微、初次违法、未造成危害后果的拒收现金行为主体进行批评教育、督促整改。选取 15 起典型案例进行了剖析警示、举案说法，引起公众的广泛关注，取得较好的效果。经过近一段时间的整治，拒收现金的现象大幅度减少，拒收现金违法在社会层面形成共识。如果公众遇到拒收现金行为，可以明确告知对方其行为违法，保留相关视频音频证据，并向中国人民银行当地分支机构举报，我们将按照有关法律和执法程序规定对事实进行核实，并视行为的性质、情节轻重、影响范围等依法依规予以惩处。

凤凰卫视记者：未来外汇局将采取哪些措施优化外籍人员来华外汇服务水平，提升移动支付等业务的便利程度？

张玉青：外汇局将持续做好用汇服务保障，进一步便利外籍人员短期来华旅游和长期在华工作生活。一是指导支付机构、银行持续优化“外卡内绑”，线上刷外卡消费等支付服务，改进使用体验和服务流程，不断丰富产品功能，扩大支付受理范围，提升外籍来华人员支付便利度。二是支持重点地区和机构积极探索丰富支付产品，提供多样化、适配性的创新服务，满足外籍来华人员移动支付和线上消费需求。三是加强政策传导和培训，指导银行网点柜台一线人员准确把握外汇政策，提升外汇服务质量和水平。四是积极对接驻华外交机构、重点高校、科研院所等外籍人员集中的机构，指导银行“一对一”提供综合性服务方案，扎实做好用汇保障。

《北京商报》记者：我国移动支付在快速发展的同时，也给老年人群体带来了“数字鸿沟”，请问在推动支付服务适老化方面，央行有哪些考虑？

严芳：谢谢您的提问，这个问题我来回答。

大家知道，我国移动支付迅速发展，普及率领先全球，对提升交易的效率、服务社会民生发挥了积极作用。但同时，随着移动支付对银行卡、现金等传统支付方式的快速替代，一定程度上造成了“数字鸿沟”，部分老年人群体长期偏好现金支付，对移动支付感到不方便。人民银行积极践行金融工作的政治性和人民性，按照国办《意见》的要求，围绕银行网点服务、现金服务、移动支付、适老支付场景、宣传教育等方面综合施策，加快弥合老年人支付“数字鸿沟”。

一是银行网点支付服务持续优化。我们持续推进银行网点提升适老服务，通过建立老年人“绿色通道”、设立老年人爱心服务专区、布放支持存折的辅助设备等措施，便利老年人办理各项支付业务。目前，全国银行网点适老化的改造率超过99%。

二是现金使用环境不断完善。持续优化ATM取现服务，鼓励银行因地制宜，增加ATM小额零钞取现功能。采取“零钱包”等方式加大现金特别是零钞供应。持续整治拒收人民币现金违法行为，更好地满足老年人的现金使用需求。

三是移动支付服务更有温度。主要银行、支付机构已开展移动支付App适老化升级。例如，增加放大字体、语音播放、专线客服等功能，打通老年人“不会用”“找不到”“看不清”等移动支付使用的堵点。

四是特色化支付服务不断提升。我们鼓励支付服务主体聚焦老年人需求，拓展特色化支付服务，不断提升老年群体支付体验感。例如，部分银行组建助老服务团队，延伸柜台服务的半径，为行动不便的老人上门提供服务；有的支付机构推出移动支付“亲情付”，支持子女使用自己的支付账户为老年人代付消费金额；有的收单机构结合老年人助餐服务行动，推出老年食堂特色化的支付产品，便利老年人支付餐费。

五是支付适老化宣传持续强化。综合运用多种宣传渠道，深入社区、养老院、老年大学等老年人聚集地，有针对性地宣传移动支付等相关知识，普及反电信网络诈骗等金融安全知识，不断增强老年群体使用支付服务的安全感。

下一步，人民银行将继续深入贯彻落实党中央、国务院决策部署，不断深化支付适老化服务，持续提升支付服务的包容性和便利性，助力做好养老金融大文章。

《金融时报》记者：我们了解到通过前一段时期的提升支付便利化的工作，现金支付环境有了明显改善，下一阶段在继续推动现金支付便利方面有哪些考量？

张萌：经过前段时间的提升支付便利化工作，现金使用环境明显改善，现金兜底作用基本实现，但受公众支付习惯、经营主体经营模式及成本控制等多方面因素的影响，经营主体收现意愿下降具有一定的普遍性和趋势性，保持良好的现金使用环境也需要持续治理、久久为功。现金使用环境建设与行业管理、社会综合治理紧密相关，需各部门进一步强化协同，共同优化现金收付生态。

为此，人民银行将持续性、常态化地推进现金支付环境建设各项工作。一是深化部门间协作机制。加强与交通、商务、文旅、市场监督等部门的协作、通报和会商，推动现金使用环境建设工作，确保各部门已出台的关于现金使用环境的政策措施落到实处，引导商户优化现金收付服务，做好零钱备付，从需求侧提升商户的收现意愿。

二是不断提升宣传工作效果。根据不同行业受众特点，充分利用不同媒体、不同渠道，持续向各类经营主体开展宣传，巩固现金法偿的观念，强化支持现金支付的意识，进一步扩大宣传覆盖面和触达率，提升宣传效果。近期人民银行将制作发布经营主体和消费者的现金收付指南，也希望各方媒体广泛宣传。

三是实现网格化的动态管理。进一步完善网格化工作机制，对网格内经营主体实施动态管理，及时掌握和解决网格内经营主体遇到的现金收付困难和存在的问题，努力营造良好的现金支付环境。

四是构建可持续的零钞服务模式。指导银行业金融机构提升零钞服务水平，对重点行业、重点场景、重点单位要根据其零钞使用特点建立服务对接机制。建立适合各类经营主体需求特点的、多渠道可持续的服务模式。

五是持续整治拒收现金行为。我们将持续加强巡查暗访，依法惩治拒收现金行为，强化震慑效果，切实维护人民币的法定地位。人民银行始终将现金作为最基础的支付手段，作为保障民生的兜底措施，保持各项工作力度不减，持续优化现金使用环境，保障公众的用现需求。

《证券时报》记者：能否具体向我们介绍一下外汇局如何推动提升外籍来华人员外币兑换服务水平？

张玉青：外汇局精准发力打好外币兑换服务“组合拳”。一是实现国内重要国际机场等入境“首站”兑换服务全覆盖，在全国 74 个国际机场布设各类兑换设施 190 个，为国际旅客提供多样化的人工和自助外币兑换选项。二是优化夜间外币兑换体验，针对夜间抵华旅客外币兑换需求，提高夜间兑换限额。三是提升外币兑换的可获得性和便利度，在做好银行网点外币兑换的同时，会同文旅部门和金融机构推动实现四星级以上酒店等重点文旅场所兑换服务全覆盖。四是优化外币兑换服务，丰富外币兑换币种，部分场所可兑换币种近 50 种。推动在醒目位置规范使用个人本外币兑换标志，通过海内外多种渠道更直接面向外籍人士宣传国内外币兑换服务，充分做好事前引导。截至 2024 年 6 月末，全国共设外币代兑机构 3563 个、自助兑换机 383 台，较 2023 年末分别增长 92% 和 62%。下一步，外汇局将继续完善外币兑换服务，持续优化外币兑换“软环境”，提升服务精准度和有效性，兼顾可持续性和便利性，更好满足外籍来华人员外币兑换需求。

《经济参考报》记者：优化支付服务是一项长久的工作，请问如何提高工作的科学性和可持续性，有何可复制的经验？

严芳：谢谢您的提问，我来回答这个问题。正如您所说，优化支付服务是一项长期的系统性工程，不仅需要各部门协同配合，更需要有为政府和有效市场相结合。前一阶段，我们主要发挥政府作用，弥补市场不足，体现社会效益。下一阶段，要进一步提高工作的科学性、针对性和精准性，构建可持续发展模式，引导市场良性运转，实现社会效益和经济效益的有机结合。一方面，继续优化支付服务供给。以完善银行卡使用环境为例，我们将指导人民银行各分行、各金融机构，结合外籍来华人员动线，聚焦重点旅游、港口、商贸城市，动态调整重点商户的覆盖范围，持续优化重点商户的结构，科学精准提升外卡受理的质效。同时，常态化开展摸排巡检和收银员培训，巩固好、维护好外卡受理环境。另一方面，探索构建多方参与、成本共担、利益共享的发展模式，以我刚才提到的机场支付服务示范区为例，由于重点机场入境航班多、覆盖时间长，保障示范区的可持续运转、服务时间尽可能覆盖更多的入境航班非常关键，如果单靠一家机构建设运营，存在较大的压力。因此，不仅需要商业银行、支付机构多方参与、共担成本，也希望文旅、通信、交通等单位一起共建，为外籍来华人员提供便捷的一站式综合服务，有效满足各类需求。

在优化支付服务推进过程中，各地结合实际、因地制宜，进行了很多创新实践。例如，上海按照多方共建、成本共担的思路，在上海市政府主导下，外办联合人民银行上海总部，各行业主管部门、机场集团等共同建设浦东国际机场综合服务中心，提供支付、文旅、通信、交通等一站式便利服务，实现 7×24 小时全天候运营，受到外籍人员的普遍欢迎，为各类机场支付服务示范区的建设提供了标杆案例，值得借鉴。陕西省将其丰富的文化旅游资源与支付服务深度结合，推出“秦始皇帝陵博物馆境外融合服务平台”，支持外籍游客使用其本国的支付方式在线预订门票，让海外游客更加便捷地旅游观光。

李克歆：今天的媒体吹风会到此结束，非常感谢各位嘉宾和记者朋友。优化支付服务工作既需要持续推进、久久为功，也需要各位媒体朋友的宣传介绍、普及传播，欢迎大家继续关注。谢谢大家！